মৌলিক অনুশিষ্য গঠন

একটি হস্তলিপি, যা
ছোটগোষ্ঠীতে অনুশিষ্যগঠন, গৃহ-
গির্জা, এবংস্বল্পমেয়াদী কর্মক্ষেত্রের
মাধ্যমে, গির্জাস্থাপন আন্দোলনে
অগ্রণী ভূমিকা পালন করে।

মৌলিক অনুশিষ্য গঠন

একটি হস্তলিপি, যা ছেট গেউষ্ঠীতে অনুশিষ্য গঠন, গৃহ-গির্জা এবং স্বল্প-মেয়াদী কর্মযাত্রার মাধ্যমে গির্জা-স্থাপন আন্দোলনে অগ্রণী ভূমিকা পালন করে।

লেখক: ড্যানিয়েলে বি লানকাসটার, (পিএচডি)

প্রকাশক: টুফিউর টুপ্রেসে

প্রথম মুদ্রণ, ২০১১। সমস্ত অধিকার সংরক্ষিত।

আই এস বি এন 978-1-938920-02-8 মুদ্রিত

কংগ্রেস-লাইব্রেরীর প্রকাশিত তথ্যের তালিকাপ্রণয়ন

লানকাসটার, ড্যানিয়েলে বি

মৌলিক অনুশিষ্য গঠন

একটি হস্তলিপি, যা ছেট গেউষ্ঠীতে অনুশিষ্য গঠন, গৃহ-গির্জা এবং স্বল্প-মেয়াদী কর্মযাত্রার মাধ্যমে গির্জা-স্থাপন আন্দোলনে অগ্রণী ভূমিকা পালন করে/ড্যানিয়েলে বি লানকাসটার

গ্রন্থ - পঞ্জীর রেফারেন্স সংযোজন করেছেন।

আই এস বি এন 978-1-938920-02-8

যীশুর প্রশিক্ষণ অনুসরণ: মৌলিক শীষ্যতা-মার্কিনি যুক্তরাষ্ট্র। শিরোনাম

সূচি

উল্লখে

১

স্বাগতম

স্বাগতম প্রশিক্ষক এবং শিক্ষার্থীদের পরিচয়ের মাধ্যমে প্রশিক্ষণ অধিবেশন বা সম্মেলন গুলি উন্মোচন করে। প্রশিক্ষক যীশুর যে আটটি ছবি সদৃশ হস্তমুদ্রার সাথে শিক্ষার্থীদের সাথে পরিচয় করায়,তা নিম্নলিখিত : সৈনিক, সন্ধানী, মেষপালক, বপক, পুত্র, পরমেশ্বর, ভৃত্য, এবং গোমস্তা। কারণ মানুষ শুনতে শুনতে, দেখেতে দেখেতে এবং করতে করতে শেখে, যীশু প্রশিক্ষণ অনুসরণ এই প্রতিটি প্রশিক্ষণ শৈলী প্রতিটি পাঠে অন্তর্ভুক্ত করে।

বাইবেলের মতে, পবিত্র আত্মা আমাদের শিক্ষক; সমস্ত প্রশিক্ষণে এই আত্মার উপর নির্ভরশীল হতে শিক্ষার্থীদের উত্সাহ দেওয়া হয়। প্রশিক্ষক এবং শিক্ষার্থীদের মধ্যে আরো স্বচ্ছন্দ বায়ুমণ্ডল প্রদান করতে একটি "চায়ের দোকান" খোলার দ্বারা অধিবেশনটি সমাপ্ত হয়, যেখানে অনুগামীরা যিশুর সাথে আনন্দ উপভোগ করবেন।

প্রশংসা

প্রারম্ভ

প্রশিক্ষকদের পরিচয়

শিক্ষার্থীদের পরিচয়

যীশুর পরিচয়

বাইবলেে যীশুর আটটি ছবি

সনৈকি
তরোয়াল তোলো

সন্ধানী
চোখেরে উপরে হাত রখেে সামনে পছিনে তাকান।

মষেপালক
আপনার শরীররে দকিে হাত ঘোরান যনে আপনি মানুষ জমায়তে করছনে।

বপক
হাত দযি়ে বীজ নক্ষিপে করুন।

পুত্র
মুখরে দকিে হাত ঘোরান, যনে আপনি ভোজন করছনে।

পবত্রি
প্রাচীন "প্রার্থনা হাত" ভঙ্গতিে হাত রাখুন।

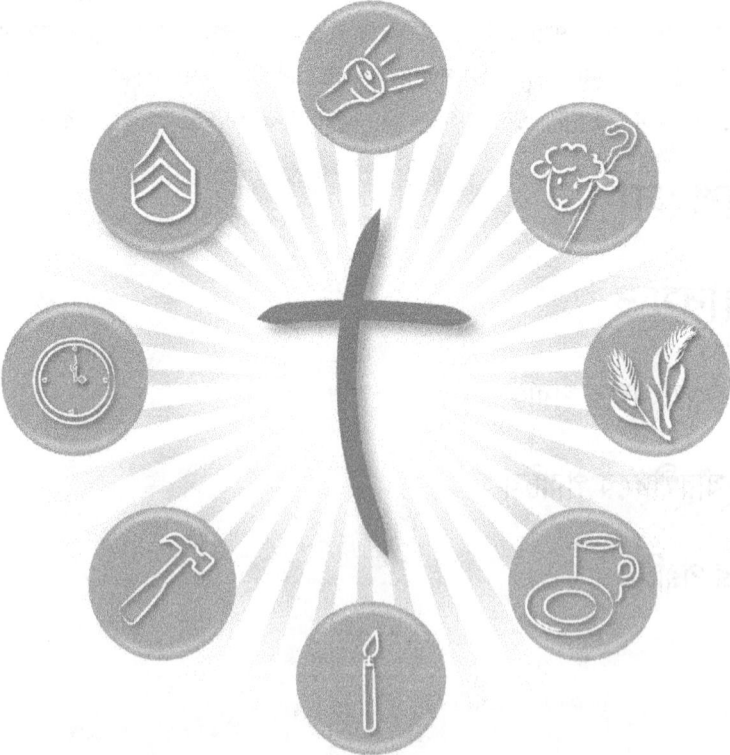

🖐️ ভৃত্য
  একটা হাতুড়ি চালনা করুন।

🖐️ গোমস্তা
  জামার পকেটে অথবা অর্থের ঝুলি থেকে অর্থ ননি।

তিনটি উপায় কিযা আমরা সবচেয়ে ভাল শিখিতে পারি?

শ্রবণ
  🖐️ আপনার কানের কাছাকাছি আপনার হাত পেয়ালার আকারে রাখুন।

🖐️ দর্শন
  আপনার চোখের দিকে নির্দেশ করুন।

🖐️ কর্ম
  আপনার হাত দিয়ে একটি গোলাকার গতি করুন।

পরিসমাপ্তি

চায়ের দোকান খোলা! ☛

– লিউক ৭:৩১-৩৫– যিশু বললেন, তোমরা কার মতো? কোন ধরনের মানুষ তোমরা? তোমরা শিশুর মতো, যারা বাজারে বসে পরস্পরের প্রতি চিৎকার করছ, "আমরা বাঁশি বাজাছ্‌ছি, কিন্তু তুমি নৃত্য করবে না ! আমরা একটি শোক গাথা গাইছি, কিন্তু তুমি কাঁদবে না ! দীক্ষাগুরু যোহান খাদ্য এবং পানীয়ের সন্ধানে যাননি, এবং আপনি বলছেন, "যোহনের মধ্যে দানব আছে !" কিন্তু যেহেতু মানব পুত্র খাদ্য এবং পানীয়ের সন্ধানে যান, আপনি বলেন, "যিশু বেশি খাদ্য এবং পানীয় ব্যবহার করেন ! এমনকি তিনি কর আদায়কারী এবং পাপীদের বন্ধু।" কিন্তু জ্ঞান সঠিক বলে প্রমানিত হয়েছে, যার দ্বারা এর অনুগামীরা কার্য্য করেন। (সে ই ভি)

২

সংখ্যা-বৃদ্ধি

সংখ্যাবৃদ্ধতিে যীশু একজন গোমস্তার ভূমকিা পালন করনে: গোমস্তা তাদরে সময় এবং সম্পদরে সঠকি মূল্য পতেে চান, এবং তারা সততার সঙ্গে বসবাসরে ইচ্ছা ধারণ করনে। শকি্ষার্থীগণ ১)মানবজাতরি প্রতি ঈশ্বররে প্রথম আদশে, ২)যশিুর মানবজাতরি প্রতি সর্বশষে নর্িদশে, ৩)২২২ নয়িমাবলী, এবং ৪)গাললি সাগর এবং মৃত সাগর সাগর এর মধ্যে পার্থক্য অনুসন্ধানরে মাধ্যমে দূর-দৃষ্টি লাভ করনে।

পাঠ শকি্ষাটি একটি সক্রয়ি প্রশকি্ষণরে মাধ্যমে সমাপ্ত হয়,যটেি "উত্পাদন" এবং "ফলন" এর মধ্যে পার্থক্য; অর্থাৎ অন্যান্যদরে প্রশকি্ষতি করা এবং সাধারণ শকি্ষা দয়োর মধ্যে পার্থক্য প্রদর্শন কর।ে শকি্ষার্থীগণ মানুষ কে প্রশকি্ষণ দয়োর জন্য সংপৃষ্ঠ , কিভাবে প্রশংসা করতে হয়, প্রার্থনা জানাতে হয়, ঈশ্বররে শব্দ অধ্যয়ন করতে হয় এবং অন্যদরে পথ-প্রদর্শন করতে হয়। এইভাবে সময়, সম্পদ এবং সততা বনিয়িোগরে মাধ্যমে শকি্ষার্থীগণ যশিুর জন্য একটি উপহার দতিে সমর্থ হবনে, যখন তারা স্বর্গে তাঁর সাথে মলিতি হবনে।

প্রশংসা

প্রার্থনা

অধ্যয়ন

পুনর্ববিচেনা

যশিুকে অনুসরণ করার আটটি ছবি কি?

আমাদরে আধ্যাত্মকি জীবন একটবিলেুনরে মতো

যশিুর মতো হওয়ার অর্থ কি?

–ম্যাথউে ৬:২০-২১– নজিরে জন্য স্বর্গে সম্পদ সংরক্ষণ করুন, যখোনে মথ এবং ধুলো নষ্ট করতে পারবে না, এবং যখোনে তস্কর ভঙে্গে চুরি করতে পারবে না। কারণ আপনার সম্পদ আপনার হৃদয়ে।

জামার পকটে অথবা অর্থরে ঝুলি থকেে অর্থ নবোর ভান করে

গোমস্তার ৩ টি কার্য কি?

–ম্যাথউে ২৫:১৪-২৮– এটি একজন মানুষরে যাত্রার কাহনীর মতো। তনি তার নজিরে ক্রীতদাসদরে তলব করনে এবং তাদরে মধ্যে নজিরে সম্পদ বতিরণ করনে। একজনকে তনি ৫ টি প্রতভিা প্রদান করনে; অপরজনকে দুটি; এবং আরো একজনকে একটি প্রত্যকেকে তার ক্ষমতা অনুসারে। এরপর তনি যাত্রা সুরু করনে। তৎক্ষনাত যে ৫ টি প্রতভিা পয়েছেলি, সগেুলি কাজে লাগলো এবং আরো ৫ টি বশেি অর্জন করলো। একই ভাবে, যে দুটি প্রতভিা পয়েছেলি, আরো দুটি বশেি অর্জন করলো। কন্িতু যে একটি প্রতভিা লাভ করছেলি, সে জমতিে একটি গর্ত করে তার প্রভুর সম্পদ লুকয়িে রাখল।অনকেদনি পর সইে ক্রীতদাস দরে প্রভু ফরিে এলনে এবং হসিাব-নকিাশে বসলনে। যে ৫ টি প্রতভিা পয়েছেলি, আরো ৫ টি বশেি উপস্থতি করলো এবং জানালো, “প্রভু, আপনি আমাকে ৫ টি প্রতভিা দয়িছেলিনে। দখেুন, আমি আরো ৫ টি অর্জন করছেি।” প্রভু তাকে বললনে, “ খুব ভালো কাজ। তুমি ভালো এবং বশি্বস্ত ক্রীতদাস ! তুমি বশেি কছিু কাজরে জন্য বশি্বস্ত ; আমি তোমাকে আরো কছিু কাজরে দায়ত্বি দবে। তোমার প্রভুর আনন্দে যোগদান কর !” তারপর দুটি প্রতভিা প্রাপ্ত ক্রীতদাস উপস্থতি হলো। সে জানালো, “প্রভু, আপনি আমাকে দুটি প্রতভিা দয়িছেনে। দখেুন, আমি আরো দুটি বশেি অর্জন করছেি।” তার প্রভু তাকে বললনে, “ খুব ভালো কাজ।তুমি ভালো এবং বশি্বস্ত ! তুমি বশেি কছিু কাজরে জন্য বশি্বস্ত ; আমি তোমাকে আরো কছিু কাজরে দায়ত্বি দবে। তোমার প্রভুর আনন্দে যোগদান কর !” এরপর সইে ক্রীতদাস উপস্থতি হলো, যে একটি প্রতভিা পয়েছেলি এবং জানালো, “ প্রভু, আমি আপনাকে জানি। আপনি একজন দুর্বোধ্য মানুষ, আপনি সখোনে শস্য-ছদেন করনে, যখোনে বপনই

করনেনি এবং সংগ্রহ করনে সখোন থকেে, যখোনে আপনি বীজ ছড়ানন। তাই আমি ভীত ছলিাম এবং আপনার প্রতভিা আমি

জমিতে লুকিয়ে রেখেছিলাম। দেখুন, এই আপনার সম্পদ।" কিন্তু তার প্রভু তাকে উত্তরে বললেন, "তুমি মন্দ, অলস ক্রীতদাস! যখন তুমি জেনে আমি যেখানে বপন করিনি, সেখানে শস্য-ছেদন করি এবং যেখানে বীজ ছড়াই না, সেখান থেকে সংগ্রহ করি, তখন তোমার উচিত ছিল আমার সম্পদ কোনো মহাজনের কাছে গচ্ছিত রাখা। এবং আমি যখন ফিরিব, আমি সুদ সহ আমার সম্পদ ফেরত পেতাম। তাই তার থেকে প্রতিভা নিয়ে নাও এবং তাকে দাও, যার কাছে ১০ টি প্রতিভা আছে।" (এইচ সি এস বি)

১. ______________________________

২. ______________________________

৩. ______________________________

মানুষের প্রতি ঈশ্বরের প্রথম আদেশ কি ছিল?

–আদিপুস্তক ১:২৮– ঈশ্বর তাদের আশির্বাদ করেছেন; এবং বলেছেন, " উর্বর হও ও সংখ্যা-বৃদ্ধি ঘটাও, এবং বিশ্ব ভরিয়ে তোল ও দমন কর; সমুদ্রের মৎসের উপর, আকাশের পাখির উপর এবং পৃথিবীর সকল জীবন্ত প্রাণীর উপর প্রভুত্ব কর।" (এন এ এস বি)

____

মানুষের প্রতি যিশুর শেষ আদেশ কি ছিল?

–মার্ক ১৬:১৫– তিনি তাদের বললেন, " সমগ্র পৃথিবীতে বিচরণ করো এবং সকল সৃষ্টির মধ্যে ভালো সংবাদ প্রচার করো।"

____

আমি কি প্রকারে উর্বর হবো এবং সংখ্যা-বর্ধন করব ?

–২ টিমোথি ২.২– অনেক সাক্ষীর উপস্থিতিতে আপনি আমার থেকে যা শুনেছেন টা বিশ্বস্ত মানুষের মধ্যে বিতরণ করুন, যে অন্যদের শিক্ষা দিতেও সমর্থ। (এন এ এস বি)

গাললিরি সমুদ্র/মৃত সাগর ➤

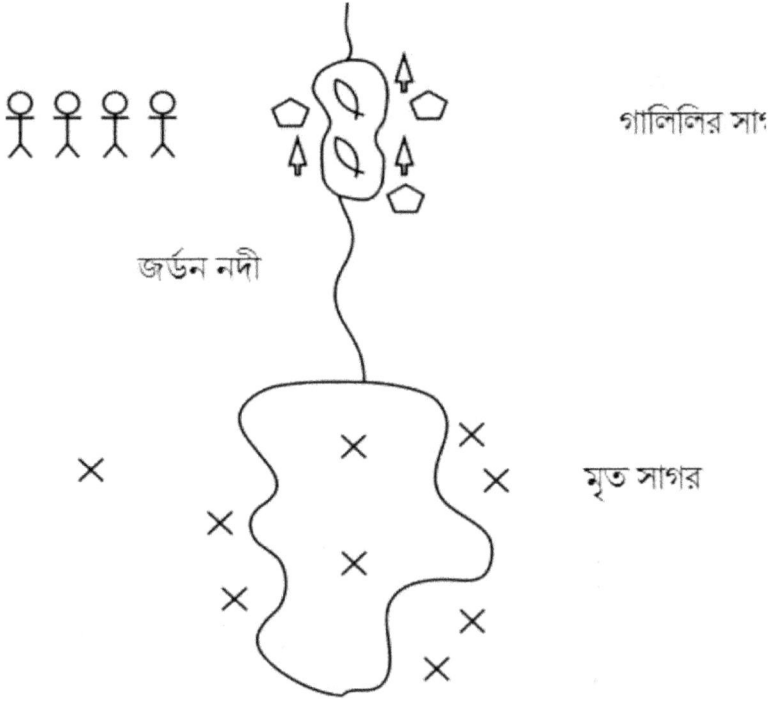

গালিলির সাগ

জর্ডন নদী

মৃত সাগর

স্মৃতচিারণ

–জন ১৫:৮–এই আমার পতিার গরমিা, যে আপনি অনকে ফল বহন করনে, নজিকে আমার অনুগামী রূপে প্রকাশ করনে।

অভ্যাস

"কনষি্ঠ মানুষটি এই অধবিশেনরে নতো হবনে।"

সমাপ্তি

যশিুর জন্য উপহার ☛

☝ প্রশংসা
ঈশ্বররে প্রশংসা করার জন্য হাত তুলুন।

☝ প্রার্থনা করুন
শাস্ত্রীয় প্রার্থনা ভঙ্গতিে হাত রাখুন।

☝ বাইবলে পাঠ করুন
যখন একটি পুস্তক পাঠ করছনে হাতরে তালু উর্ধমুখে রাখুন

☝ যশিুর সম্পর্কে অন্যদরে বলুন
হাত বাইরে রাখুন এমন ভাবে, যনে আপনি বীজ ছড়াচ্ছনে।

৩

প্রমে

প্রমে যশিুকে একজন মষেপালক রূপে উপস্থতি করে: মষেপালক তার মষে গুলকিে পালন করে, রক্ষা করে এবং খাদ্য জোগায় | আমরা শকি্ষা-কালে ঈশ্বররে বানীর মাধ্যমে মানুষকে “রসদ” যোগান দহি, কনি্তু ঈশ্বর সম্পর্কে শখোনোর প্রথম পাঠ কি হওয়া উচতি? শকি্ষাত্রী সর্বাপক্ষো গুরুত্ব-পূর্ণ বধিান আবষি্কার করনে, প্রমেরে উৎস কে সনাক্ত করনে, এবং আবষি্কার করনে সর্বাপক্ষো গুরুত্বপূর্ণ বধিানরে উপর ভতি্তি করে কভিাবে উপাসনা করা উচতি |

একটি সরল অনুগামী গোষ্ঠরি শকি্ষাত্রীরা চারটি মূল উপাদান অভ্যাস করনে: প্রশংসা (সমস্ত হৃদয় দয়িে ঈশ্বরকে ভালবাসা), প্রার্থনা (সমস্ত আত্মা দয়িে ঈশ্বরকে ভালবাসা), বাইবলে অধ্যয়ন (সমস্ত মন দয়িে ঈশ্বরকে ভালবাসা), এবং একটি দক্ষতা অভ্যাস করা (যাতে আমরা আমাদরে যাবতীয় শক্তি দয়িে ঈশ্বরকে ভালবাসতে পার) | একটি চূড়ান্ত নাটকিা, “মষে এবং বাঘ”, বশি্বাসীদরে মধ্যে থকেে অনকে অনুগামীর প্রয়োজনীয়তা তুলে ধরে |

প্রশংসা

প্রার্থনা

১. আপনার জানা হৃত মানুষদরে জন্য আমরা কভিাবে প্রার্থনা করব, যাদরে উদ্ধার করা দরকার ?

২. আপনি যে গোষ্ঠকিে শকি্ষা দচি্ছনে, তার জন্য আমরা কভিাবে প্রার্থনা করব?

অধ্যয়ন

পুনর্ববিচেনা

আটটি ছবি কি, যা আমাদেরে যিশুকে অনুসরণ করতে সাহায্য করে?

একজন গোমস্তা কোন তনিটি কার্য্য করনে?

মানুষরে প্রতি ঈশ্বররে প্রথম আদশে কি?

মানুষরে প্রতি ঈশ্বররে সর্বশষে নরি্দশে কি?

আমি কিভাবে উর্বর এবং সংখ্যা-বর্ধক হয়ে উঠব?

ইসরায়লেরে অবস্থতি দুটি সমুদ্ররে নাম কি?

তারা এত কনে পৃথক?

আপনি কোনটরি মতো হতে চান?

যশিুর মতো হওয়ার অর্থ কি?

–মার্ক ৬:৩৪–যখন যশিু তীরে গলেনে, তনিি একটি ভীড় দখেলনে, এবং তনিি তাদরে জন্য সমবদেনা অবুভব করলনে কারণ তারা যনে মষে-পালক বহিীন মষে এর মতো; এবং তনিি তাদরে প্রভূত শকি্ষাদান শুরু করলনে। (এন এ এস বি)

হাত টি নজিরে শরীররে দকিে চালনা করুন যনে আপনি অনকে মানুষ কে জড়ো করছনে।

মষেপালকরে তনিটি কার্য্য কি?

–সামসঙ্গীত ২৩:১-৬–প্রভু আমার পালক, আমার চাহদিা নইে। তনিি আমাকে সবুজ ঘাসে শায়তি রাখনে; আমাকে নস্তিরঙ্গ জলরে কাছে নয়িে যান। তনিি আমার প্রাণ

রক্ষা করনে; তার নামরে মহমিা দ্বারা তনি আমাকে ধর্মরে পথে চালনা করনে। এমনকি আমি মৃত্যুর কালো-ছায়া ঘরো উপত্যকাতে বচিরণ করলওে আমি কোনো ভয় অনুভব করি না, কারণ তনি আমার সাথে আছনে; তোমার যষ্ঠী এবং তোমার দ্রব্য আমাকে শান্তি দিয়ে। তুমি আমার শত্রুদরে সামনইে আমার জন্য খাদ্য সাজাও; আমার মাথায় তলেমর্দন করো; আমার পয়োলা পূর্ণ হয়ে যায়। উদারতা এবং কৃপা আমার জীবনরে সব দনিগুলিতে সঙ্গী হয়ে থাকবে, এবং আমি চরিদনিরে মত আমার প্রভুর গৃহে ফরিে যাব। (এন এ এস বি)

১. ____________________

২. ____________________

৩. ____________________

প্রশক্ষিণ দওেয়ার গুরুত্বপূর্ণ নর্দিশে কি?

–মার্ক ১২:২৮-৩১–আইনরে একজন শক্ষিক এলনে এবং তাদরে তর্ক করতে শুনলনে। লক্ষ্য করলনে যে যশিু তাদরে একটি ভালো উত্তর দলিনে, তবুও তাঁকে জজ্ঞিাসা করলনে, "সব আদশোবলরি মধ্যে কোনটি সর্বাপক্ষো গুরুত্বপূর্ণ?"'সর্বাপক্ষো গুরুত্বপূর্ণ এটি' যশিু উত্তর দলিনে,'শোনো, ও ইস্রায়লে, প্রভু আমাদরে ঈশ্বর,প্রভু সর্বশ্রষ্েঠ। নজিরে প্রভু নজিরে ঈশ্বরকে তোমার সকল হৃদয়, আত্মা, মন এবং শক্তি দিয়ে ভালোবাসো।' এটি দ্বিতীয়: 'নজিরে প্রতবিশেকিে নজিরে মতো করে ভালোবাসো।' এর থকেে মহান নর্দিশে আর কথাও নইে।"

১. ____________________

✋ উর্ধমুখে ঈশ্বররে দকিে হাত তুলে রাখুন।

২. ____________________

✋ অন্যদরে দকিে ছড়িয়ে হাত রাখুন।

প্রমেরে উৎস কি?

–১ জন ৪:৭,৮– প্রয়ি বন্ধুগণ, পরস্পরকে ভালবাসুন, কারণ প্রমেরে উৎস ঈশ্বর, এবং যারা ভালবাসনে তারা ঈশ্বররে পুত্র এবং ঈশ্বরকে জাননে। যে ভালবাসে না সে ঈশ্বরকওে জানে না, কারণ ঈশ্বরই প্রমে। (এইচ সি এস বি)

- উর্ধমুখে হাত রাখুন, যনে আপনি ঈশ্বররে থকেে প্রমে গ্রহণ করছনে এবং তারপর তাঁকে সটো ফরিয়িে দচি্ছনে।
- উর্ধমুখে হাত তুলে রাখুন যনে আপনি ঈশ্বররে থকেে প্রমে গ্রহণ করছনে, তারপর হাত বাইররে দকিে ছড়য়িে দনি, যনে আপনি অন্যদরে প্রমে বতিরণ করছনে।

সহজ উপাসনা কি?

- প্রশংসা
  ঈশ্বররে প্রশংসা করার জন্য হাত তুলুন।
- প্রার্থনা
  পুরাতন "প্রার্থনা মুদ্রা" ভঙ্গতিে হাত রাখুন।
- অধ্যয়ন
  হাতরে তালু উর্ধমুখে রাখুন যনে আপনি একটি পুস্তক পাঠ করছনে।
- অভ্যাস
  হাত টকিে সামনে পছিনে নয়িে যান, যনে আপনি বীজ নক্ষিপেন করছনে।

আমরা সহজ উপাসনা কনে করি?

আমরা......	তাই আমরা...	হস্ত-মুদ্রা
ঈশ্বরকে আমাদরে সকল হৃদয় দয়িে ভালোবাসি	প্রশংসা করি	হৃদয়রে উপর হাত রাখুন এবং তারপর ঈশ্বররে প্রশংসা করার নমিত্তিে হাত উপরে করুন।
ঈশ্বরকে আমাদরে সমস্ত আত্মা দয়িে ভালোবাসি	প্রার্থনা করি	পাশে হাত রাখুন এবং তারপর শাস্ত্রীয় প্রার্থনা ভঙ্গতিে হাত রাখুন।

সমস্ত মন দয়িে আমরা ঈশ্বরকে ভালে াবাসি	অধ্যয়ন করি	হাত মাথার ডানদকিে এমন ভাবে রাখুন, যনে ভাবছনে, এবং তারপর হাতরে তালু উর্ধমুখে রাখুন, যনে একটি বই পড়ছনে।
সর্ব-শক্তি দিয়ে ঈশ্বরকে ভালে াবাসি	যা শখিছে, িটা প্রচার করি (অভ্যাস করি)	বাহু উপরে তুলুন এবং মাংসপশেী সহজ করুন, এরপর হাত বাইরে করুন বীজ ছড়ানে ার মতে া করে।

কতজন মানুষ সহজ উপাসনায় অংশ-গ্রহণ করবনে?

–ম্যাথউি ১৮:২০– যখোনে আমার নামে দুই-তনিজন একত্রতি হয়, সখোনে আমি তাদরে সাথে আছি।

স্মৃতচিারণ

–জন ১৩:৩৪, ৩৫– সুতরাং আমি এখন তে ামাকে একটি নতুন নর্িদশে দচি্ছি: পরস্পরকে ভালে াবাসে া। যভোবে আমি তে ামাকে ভালে াবসেছে,ি তে ামার ও সভোবে পরস্পরকে ভালবাসা উচতি। তে ামাদরে পরস্পররে প্রতি প্রমে বশি্বরে কাছে এটাই প্রমান করবে যে তে ামরা আমার শষি্য। (এন এল টি)

অভ্যাস

“প্রবীন মানুষটি এই অধবিশেনরে নতো হবনে।”

সমাপ্তি

সহজ উপাসনা

১. কাহিনীটি ঈশ্বর সম্পর্কে কি বলছে?

২. মানুষ সম্পর্কে এই কাহিনীটি কি বলে?

৩. কিভাবে এই কাহিনীটি আমাকে যিশুকে অনুসরণ করতে সাহায্য করবে?

আপনার একটি অনুশিষ্য গোষ্ঠী গঠন করা আবশ্যক কেন?

মেষ এবং বাঘ ➤

৪

প্রার্থনা

প্রার্থনা শিক্ষার্থীদের যীশুর সঙ্গে পরমেশ্বর হিসাবে পরিচয় করায়। তিনি পবিত্র জীবন যাপন করতেন এবং আমাদের জন্য ক্রুশের উপর মৃত্যুবরণ করেছেন। ঈশ্বর আমাদের সিদ্ধপুরুষ হতে্যার আদেশ দেন, যেহেতু আমরা যীশুকে অনুসরণ করি। একজন সিদ্ধপুরুষ ঈশ্বরের উপাসনা করেন, পবিত্র জীবন যাপন করেন এবং অন্যদের জন্য প্রার্থনা করেন। প্রার্থনায় যিশুর উদাহরণ অনুসরণ করে, আমরা ঈশ্বরের প্রশংসা করি, আমাদের পাপের জন্য অনুতাপ করি, আমাদের আবশ্যক জিনিষের জন্য ঈশ্বরকে অনুরোধ করি এবং কি তিনি আমাদের যা আদেশ দেন, তা পালন করি।

ঈশ্বর আমাদের প্রার্থণার উত্তর দেন চার পদ্ধতিগুলোর মধ্যে কোনো একটির মাধ্যমে: না (যদি আমরা ভুল উদ্দেশ্যের সঙ্গে জিজ্ঞাসা করি), আস্তে (যদি সঠিক সময় না হয়), বিকশিত হও (যদি তাঁর উত্তর দেতে্যার আগে আমাদের আরো পরিনিত হয়ে ওঠা দরকার) বা গমন (যখন আমরা তাঁর বানী ও ইচ্ছা অনুযায়ী প্রার্থনা করি)। শিক্ষার্থী ঈশ্বরের দূরভাষ নম্বর মনে রাখে, ৩৩:৩, এবং তাদের উত্সাহ দেওয়া হয় ঈশ্বর প্রতিদিন "আহ্বান" করতে।

প্রশংসা

প্রার্থনা

১. আমাদের জানা পিছিয়ে পরা মানুষদের উদ্ধার করার জন্য আমরা কিভাবে প্রার্থনা করতে পারি?

২. যে গোষ্ঠীকে আপনি প্রশিক্ষন দিচ্ছেন তার জন্য আমরা কিভাবে প্রার্থনা করতে পারি?

অধ্যয়ন

দূরভাষ খেলো

পর্যালোচনা

আটটি ছবি কি, যা আমাদেরে যিশুকে অনুসরণ করতে সাহায্য করে?

সংখ্যাবর্ধন

একজন গোমস্তা কোন তিনটি কার্য্য করেন?

মানুষেরে প্রতি ঈশ্বরেরে প্রথম আদেশে কি?

মানুষেরে প্রতি ঈশ্বরেরে সর্বশেষে নির্দেশে কি?

আমি কিভাবে উর্বর এবং সংখ্যা-বর্ধক হয়ে উঠব?

ইসরায়েলেরে অবস্থিতি দুটি সমুদ্রেরে নাম কি?

তারা এত কেনে পৃথক?

আপনি কোনটির মতো হতে চান?

প্রেমে

কোন তিনটি কার্য্য একজন মেষপালক করেন?

অন্যদেরে শেখানোর জন্য সর্বাপেক্ষা গুরুত্বপূর্ণ আদেশে কি?

প্রেমেরে উৎস কি?

সহজ উপাসনা কি?

আমরা কেনে সহজ উপাসনা করব?

যশিুর মতো হওয়ার অর্থ কি?

– লূিক ৪:৩৩-৩৫ - ইহুদী ধর্মমণ্ডলী বা ধর্মস্থানে একজন দানব-কবলতি মানুষ ছলি. একজন অপদবেতার আত্মা। সে তার উচ্চকণ্ঠস্বরে চেঁচিয়ে বলল, «হা! আমাদরে সাথে আপনি কি চান, নাজারথে-এর যশিু? আপনি কি আমাদরে ধ্বংস করতে এসছেনে? আমি জানি যে আপনি কে – ঈশ্বররে পরমশে্বর!»»» চুপ করো! «যীশু কঠোর হয়ে বলনে. «তার থকেে বাইরে এসো!» তারপর দানবটি তাদরে সামনে মানুষ টি ছুড়ে ফলেে দলি এবং তাকে আহত না করে বরেয়িে এল।

____

সন্ত
প্রাচীন "হস্ত প্রার্থনা" ভঙ্গতিে হাত রাখুন

কোন তনিটি কার্য্য একজন সন্ত করনে?

– ম্যাথউি ২১:১২-১৬ -যীশু মন্দরি এলাকায় প্রবশে করলনে এবং যারা ক্রয় এবং বক্রিয় করছলি সকল বাইরে বার করে দলিনে। তনিি অর্থ পরবির্তক দরে টবেলি এবং ঘুঘু বক্রিতোর বঞ্চেগুলি উল্টে দনে।»এটি লখিতি,» তনিি তাদরে বললনে, «আমার গৃহকে প্রার্থনা গৃহ বলা হয়,› কন্তিু তোমরা এটকিে ' ডাকাতরে গুহা' বানয়িে দয়িছেো।' " অন্ধজন এবং খোঁড়া তাঁর কাছে মন্দরিে এলো এবং তনিি তাদরে নরিাময় করলনে। কন্তিু যখন প্রধান ধর্মপ্রচারক এবং আইনরে শক্ষিকগণ তাঁর এই অলৌকিক কীর্তি দিখেলনে এবং শশিুরা মন্দরি প্রাঙ্গনে পরতি্রাহি চতি্কার করে বলতে থাকলো, " ডভেডিরে পুত্র কে বন্দনা জানায়।" তারা রুষ্ট হলনে। " তারা তাঁকে জজ্ঞিাসা করলনে, "আপনি কি শুনতে পাচ্ছনে, এই শশিুরা কি বলছে?" "হ্যাঁ", যশিু উত্তর দলিনে, "তোমরা কি কখনো পড়নি, "শশিু এবং অবোধদরে মুখে ঈশ্বররে প্রশংসা শোনা যায় ?"

১. ______________________________

২. ______________________________

৩. ______________________________

আমরা কভিাবে প্রার্থনা করব?

– লূক ১০:২১ - সেই সময়ে তনিপিবত্রি আত্মায় অতশিয় আনন্দ লাভ করছেলিনে, এবং বললনে , "আমি আপনার প্রশংসা কর, হে পতিা, স্বরর্গ মর্ত্যরে প্রভু ,কারণ আপনি এইসব জ্ঞানী এবং বুদ্ধমিান মানুষদরে থকেে আড়াল করে রখেছেনে এবং শশিুদরে কাছে প্রকাশ করছেনে। হ্যাঁ, পতিা ভাল, এই পথ আপনার দৃষ্টতিে আনন্দদায়ক ছলি.»(এন এ এস বি)

১. ____________________________________

হাত উপাসনার জন্য উত্থাপন করুন।

–লূক ১৮:১০-১৪– ধার্মকি ইহুদি উঠে দাড়ালনে এবং প্রার্থনা করলনে, "ঈশ্বর, আমি তোমাকে ধন্যবাদ জানায়, যে আমি অন্যদরে মত লোভি নই, অসত নই, ববিাহ সম্পর্কে অবশি্বস্ত নই। এবং আমি সাতটি আনন্দতি যে আমি ওই কর আদায়কারীর মত নই। আমি সপ্তাহে দুই দনি খাদ্য গ্রহণ করি না, এবং আমার উপার্জনরে এক দশাংশ তোমাকে প্রদান করি।" কর আদায়কারী একটু দুরত্ব রখেে দাড়ালনে এবং নজিকেে স্বরগ রাজ্যরে দকিে চোখ তুলে তাকানোর যোগ্য বলে মনে করলনে না। তনি এত কন্ঠতি ছলিনে যে তার কৃত কর্মরে জন্য বুক চাপড়াতে থাকলনে এবং প্রার্থনা করতে থাকলনে, "ঈশ্বর, আমার উপরে দয়া করুন ! আমি একজন বড় পাপী।" যশিু বললনে, "যখন ওই দুজন মানুষ বাড়ি ফরিে গলেনে, দখো গলে ঈশ্বরকে তুষ্ট করছেনে ওই কর আদায়কারী, ধার্মকি ইহুদি নয়। আপনি যদি নজিকেে সকলরে থকেে আলাদা করে ভাবনে, আপনি অবদমতি হবনে। কন্তিু আপনি যদি বনিম্র হন, আপনি পুরস্কৃত হবনে। " (সইি ভি)

২. ____________________________________

করতল মুখ আড়াল করে বাইররে দকিে এবং মাথা দূরে রাখুন।

– লূক ১১:৯ - তাইআমি আপনাকে বলি, প্রশ্ন করতে খাকুন, এবং এটি আপনাকে দওেয়া হবে। অনুসন্ধান করতে থাকুন, এবং আপনি খুঁজে পাবনে। ধাক্কা দতিে থাকুন, এবং আপনার জন্য দরজা খুলে যাবে।(এইছ সি এস বি)

৩. ____________________________________

গ্রহণ জন্য হাত জোড় করুন।

- লউিক ২২:৪২ - পতিা, যদি আপনি চান, এই পয়োলাআমার থকেে নয়িে ননি- তথাপি, আমার ইচ্ছা নয়, আপনার ইচ্ছায় পূর্ণ হবে। (এইছ কি এস বি)

৪. ______

👋 প্রার্থনা ভঙ্গতিে হাত গুটান এবং উচ্চ কপালরে উপর রাখুন সম্মান প্রদর্শন করার জন্য।

একত্রে প্রার্থনা

ঈশ্বর কভিাবে আমাদরে উত্তর দবেনে?

–ম্যাথউি ২০:২০-২২– তারপর জমেস এবং যোহনরে মা, জবেদেরি পুত্ররা, তাদরে পুত্রসহ যশিুর কাছে এলনে। সসেম্মানরে সাথে অবনত হয়ে একটি উপকাররে প্রার্থনা করলো। "কি তোমার অনুরোধ?" তনি জািনতে চাইলনে। সে উত্তর দলি, "আপনার রাজ্যে, আমার দুই পুত্রকে আপনার পাশে বসার সম্মান দনি, একজন কে আপনার ডান দকিে এবং অন্যজনকে আপনার বাম দকিে। কন্িতু যশিু তাদরে বললনে, "তুমি জাননা, তুমি কি চাইছ ! তোমরা কি তকি্ত পয়োলা থকেে পান করার যন্ত্রণা সহ্য করতে পারবে, যা আমি পান করব? " তারা জবাব দলি, " ওহহ হ্যাঁ, আমরা পারব !" (এন এল টি)

১. ______

👋 মাথা ঝাঁকান "না" সংকতে দবোর জন্য

– যোহান ১১:১১,১৫ - তনি আরো বললনে, " আমাদরে বন্ধু লাজারাস ঘুময়িে পড়ছেনে; কন্িতু আমি তাকে জাগয়িে তুলব।" তাঁর অনুগামীগন জজি্ঞাসা করলনে, "প্রভু, যদি সে ঘুমায়, তাহলে ভালো বোধ করবে।" যশিু তাঁর মৃত্যুর কথা বলছলিনে, কন্িতু শষি্যগণ ভাবলনে, যশিু সাধারণ ঘুমরে কথা বলছনে। তাই তনি তাদরে সাধারণ ভাবইে বললনে, "লাজারাস মারা গছেে, এবং তোমাদরে জন্য আমি আনন্দতি যে আমি সখোনে উপস্থতি ছলিাম না, যাতে তোমাদরে বসবাস জন্মায়। কন্িতু এখন চল আমরা তার কাছে যাই।"

২. ______

👋 একটি গাড়ী আসতে করার জন্য হাত নচিে করুন।

– লডিক ৯:৫১-৫৬- যখন তাঁর স্বর্গ রাজ্যে ফরিে যাবার সময় ঘনীভূত হচ্ছলি, যশিু জরেুসালমে যাত্রার জন্য দৃঢ় সংকল্প হলনে। তনিি কয়কেজন দূতকে আগে একটি সামারয়িদরে একটি গ্রামে পাঠালনে, তাঁর উপস্থতিরি আয়োজন করার জন্য। কন্তিু গ্রামরে মানুষ সখোনে যশিুর অবস্থান চাইছলি না। যখন জমেস এবং যোহান এটি দখেলনে, তারা যশিুকে বললনে, "প্রভু এদরে ছাই করে দওেয়ার জন্য আমরা কি স্বর্গ রাজ্য থকেে অগ্নি বির্ষণরে আহ্বান জানাবো? কন্তিু যশিু ঘুরে তাকালনে এবং তাদরে শাসন করলনে। তখন তারা অন্য গ্রামরে দকিে রওনা হলনে (এন এল টি)

৩. ____

একটি উদ্ভদিরে বৃদ্ধরি রূপরখো হস্তরে ভঙ্গতিে দখোন।

–যোহান ১৫:৭ - কন্তিু যদি আপনি আমাতে থাকনে, এবং আমার বানী আপনার মধ্যে উপস্থতি থাকে, আপনি যা ইচ্ছা অনুরোধ করতে পারনে, এবং সটেি প্রদান করা হবে!(এন এল টি)

৪. ____

মাথা নাড়ুন, "হ্যাঁ" সংকতেরে সাথে এবং হস্ত মুদ্রায় সংকতে দনি " যাত্ত "।

স্মৃতিচারণ

–লডিক ১১:৯ -তাই আমি আপনাকে বলি, প্রশ্ন করতে থাকুন, এবং এটি আপনাকে প্রদান করা হবে। অনুসন্ধান করতে থাকুন, এবং আপনি খুঁজে পাবনে। ধাক্কা দনি, এবং আপনার জন্য দরজা খুলে যাবে।(এইছ সি এস বি)

অভ্যাস

"এই জোড়রে মধ্যে **কম দরৈ্ঘ্যরে** মানুষটি নতিো হবনে।"

সমাপ্তি

ঈশ্বররে দূরভাষ নম্বর ➤

—জরেমেয়িাহ ৩৩:৩ - আমাকে আহ্বান করুন এবং আমি আপনাকে উত্তর দবে, এবং আমি আপনাকে কিছু মহান এবং ক্ষমতাশালী জিনিসরে কথা বলব, যা আপনি জাননে না |(এন এ এস বি)

দুই হাত - দশ আঙ্গুল ➤

৫

অনুগমন

অনুগমন যশিুকে একজন ভৃত্য রূপে উপস্থাপন করে : ভৃত্য মানুষকে সাহায্য করে, তাদরে একটি বনিম্র হৃদয় থাকে, এবং তারা তাদরে প্রভুকে মান্য করনে | একই ভাবে যশিু তাঁর পতিার সবো ও অনুসরণ করছেলিনে, এখন যশিুকে আমরা সবো এবং অনুসরণ করি | সকল কর্তৃপক্ষরে একজন রূপে তনিি আমাদরে চরটি নর্িদশে দয়িছেলিনে মান্য করার জন্য: যাও, অনুগামী গঠন কর, ধর্মপ্রচার কর, এবং তাদরে সকল কে তাঁর নর্িদশোবলী অনুগমন করার জন্য শক্িষা দাও | যশিু আমাদরে কাছে অঙ্গীকার করছেনে যে তনিি সর্বদা আমাদরে সাথে থাকবনে | যখন যশিু একটি নর্িদশে দনে, আমাদরে সটো সর্বদা, তৎক্ষনাত, এবং হৃদয়রে অন্তস্থল থকেে ভালবাসার সাথে পালন করা উচতি |

সকলরে জীবনে ঝড় আস,ে কন্িতু জ্ঞানী মানুষ তার জীবন নর্িমান করনে যশিুর নর্িদশোবলী অনুগমন কর;ে মুর্খ মানুষ তা করে না | অবশষে,ে শক্িষাত্রী শষ্যিচরতি ২৯ মানচত্রি শুরু করনে, শস্য শ্যামলা ক্ষতেরে একটি ছবি, যা তারা অনুগামী অধবিশেনরে শষেে উপস্থাপন করনে |

প্রশংসা

প্রার্থনা

১. আপনার জানা হৃত মানুষদরে জন্য আমরা কি ভাবে প্রার্থনা করব, যাদরে উদ্ধার করা দরকার ?

২. আপনি যে গোষ্ঠিকিে শক্িষা দচি্ছনে, তার জন্য আমরা কি ভাবে প্রার্থনা করব?

অধ্যয়ন

ফাঙ্কি চিকিনে নৃত্য করুন !

পুনর্ববিচেনা

আটটি ছবি কি, যা আমাদরে যশিুকে অনুসরণ করতে সাহায্য কর?

সংখ্যাবর্ধন

একজন গোমস্তা কোন তনিটি কার্য্য করনে?

মানুষরে প্রতি ঈশ্বররে প্রথম আদশে কি?

মানুষরে প্রতি ঈশ্বররে সর্বশষে নর্িদশে কি?

আমি কিভাবে উর্বর এবং সংখ্যা-বর্ধক হয়ে উঠব?

ইসরায়লেরে অবস্থতি দুটি সমুদ্ররে নাম কি?

তারা এত কনে পৃথক?

আপনি কোনটরি মতো হতে চান?

প্রমে

কোন তনিটি কার্য্য একজন মষেপালক করনে?

অন্যদরে শখোনোর জন্য সর্বাপক্ষো গুরুত্বপূর্ণ আদশে কি?

প্রমেরে উৎস কি?

সহজ উপাসনা কি?

আমরা কনে সহজ উপাসনা করব?

কতজন মানুষ সহজ উপাসনা করেন?

প্রার্থনা

কোন তিনটি কার্য্য একজন ধর্মপ্রচারক করেন?

আমাদের কিভাবে প্রার্থনা করা উচিত?

ঈশ্বর আমাদের কিভাবে উত্তর দেবেন?

ঈশ্বরের দূরভাষ নম্বর কি?

যিশুর মতো হওয়ার অর্থ কি?

–মার্ক ১০:৪৫– এমনকি মানব পুত্র নিজে সেবা পেতে আসেননি, তিনি অন্যদের সেবা করতে এসেছিলেন, এবং অন্য অনেকের পাপের প্রায়শ্চিত্ত করার জন্য জীবন দিয়েছিলেন। (এন এল টি)

___

হাতুড়ি পেটানোর ভঙ্গি করুন।

কোন তিনটি কার্য্য একজন ভৃত্য করেন ?

–ফিলিপিয়িনস ২:৫-৮– আপনার মনোভাব যিশু খ্রিষ্টের মত হওয়া উচিত : যিনি ঈশ্বরের সমতুল্য হয়েও নিজের প্রতি সেই ধারনাকে আঁকড়ে ধরে থাকেননি, পরিবর্তে তিনি নিজিকে শূন্য করে রাখলেন, একজন ভৃত্যের রূপ নিলেন, মানুষের রূপ নিয়ে তিনি নিজিকে নিঃস্ব করলেন। মানব রূপ নিয়ে তিনি নিজিকে বিনম্র করলেন এবং মৃত্যুর বশ্যতা স্বীকার করলেন- এমনকি ক্রুশবিদ্ধ হয়ে মৃত্যু বরণ করলেন !

১. ___

২. ___

৩. ___

পৃথবীতে কার সর্বাপেক্ষা কর্তৃত্ব আছে?

–ম্যাথিউ ২৮:১৮– এরপর যিশু তাদের কাছে এলেন এবং বললেন, "স্বর্গ রাজ্যের এবং পৃথিবীর যাবতীয় কর্তৃত্ব আমাকে অর্পণ করা হয়েছে।"

____

কোন চারটি নির্দেশ যিশু বিশ্বাসীদের দিয়েছিলেন?

–ম্যাথিউ ২৮:১৯-২০ ক – যান এবং সকল জাতি নির্বিশেষে অনুগামী গঠন করুন, পিতা ,মানব পুত্র এবং পবিত্র আত্মার নামে তাদের ধর্মান্তরিত করুন, এবং আমি যে নির্দেশ দিয়েছি, তা অনুগমন করতে তাদের শিক্ষা দিন।

১. ____

☝"চলন" ভঙ্গিতে আঙুল চালনা করুন।

২. ____

☝সহজ উপাসনা থেকে চারটি হস্ত মুদ্রাই ব্যবহার করুন : প্রশংসা, প্রার্থনা, অধ্যয়ন, অভ্যাস।

৩. ____

☝আপনার এক হাত অন্য কনুইতে রাখুন, কনুই উপরে ওঠান এবং নামান যেন কাউকে ধর্মান্তরিত করা হচ্ছে।

৪. ____

☝হাতদুটি একত্র করুন যেন আপনি একটি বই পড়ছেন, এবং এরপর সেই "বই" বাম দিক থেকে ডান দিকে পেছন সামনে করুন যেন আপনি লোকে শিক্ষা দিচ্ছেন।

আমরা কিভাবে যিশুকে অনুগমন করব?

১. ____

☝আপনার বাম দিক থেকে ডান দিকে হস্ত চালনা করুন।

২. ____

✋চক্রাকার গতততিে হাত উপর থকেে নচিে চালনা করুন।

৩. ____

✋বুকরে উপরে হাত আড়াআড়ি রাখুন এবং ঈশ্বররে প্রশংসা করার জন্য হাত তুলুন।

যশিু কি অঙ্গীকার করছেলিনে

–ম্যাথউি ২৮:২০ খ– এবং আমি অবশ্যই আপনার সাথে সর্বদা থাকব, জীবনরে শষে দনি অবধি।

স্মৃতচিারণ

–যোহান ১৫:১০– যখন আপনি আমার নরি্দশোবলী অনুগমন করবনে, আপনি আমার ভালবাসা পাবনে, ঠকি যমেন ভাবে আমি আমার পতিার আদশোবলী মান্য করি এবং তাঁর ভালবাসা পাই। (এন এল টি)

অভ্যাস

"এই জোড়ে **সর্বাপকে্ষা লম্বা মানুষ** নতো হবনে।"

সমাপ্তি

সত্যরে বুনয়িাদ গঠন ☛

– ম্যাথউি ৭:২৪,২৫– যারা আমার শকি্ষা শোনেনে এবং মান্য করনে তারা একজন জ্ঞানী ব্যক্তরি মতো যনিি দৃঢ় পাহাড়রে উপর গৃহ নর্িমান করনে। গৃহরে উপর দয়িে বৃষ্টি পরে, নদী ফুলে ওঠে, এবং বায়ু প্রবাহতি হয়। কনি্তু এটি ভঙ্েগে পরে না, কারণ এটি দৃঢ় পাথররে উপর নর্িমতি। (সইি ভি)

–ম্যাথউি ৭:২৬-২৭- যারা আমার শকি্ষা শোনেনে এবং পালন করনে না, তারা স্কজন মুর্খ মানুষরে মতো, যে বালরি উপর নজিরে গৃহ নর্িমান করনে। গৃহরে উপর বৃষ্টি পরে, নদীর জল বড়েে যায়, এবং বায়ু প্রবল ভাবে প্রবাহতি হয়। অবশষেে এটি

ধ্বংসস্তুপে পরিনিত হয়। (সে ই ভ)

শষ্যিচরতি ২৯ মানচিত্র-পর্ব ১ ☛

৬

চলন

চলন শকি্ষাত্রীদরে কাছে যশিুকে একজন পুত্র রূপে উপস্থাপন করে, একজন পুত্র/কন্যা তার পতিাকে সম্মান জানায়, একত্রে বসবাসরে ইচ্ছা রাখে, এবং পরবিাররে সফলতা চায়। পতিাকে যশিুকে "প্রয়িজন" বলে সম্মোধন করে এবং পবত্রি আত্মা খ্রস্টিানদরে ধর্মীয় অনুষ্ঠানে যশিুর উপর অবতীর্ণ হন। যশিু তাঁর মন্ত্রকে সফল কারণ তনি পিবত্রি আত্মার শক্তরি উপরে নর্িভর করছেলিনে।

একই ভাবে, আমাদরে আমাদরে জীবনে পবত্রি আত্মার উপর নর্িভর করা উচতি। পবত্রি আত্মাকে অবলম্বনরে জন্য আমাদরে চারটি আদশে মান্য করা উচতি : আত্মার সাথে চলন, আত্মাকে কষ্ট দবেনে না, আত্মার সাথে একাত্ম অনুভব করুন, আত্মার শখিা নভোবনে না। যশিু আজ আমাদরে সাথে আছনে এবং তনি আমাদরে সাহায্য করতে চান, যভোবে তনি গাললিরি মানুষদরে সাহায্য করছেলিনে। আমাদরে যদি কোনো কছিু থকেে নরিাময়রে প্রয়োজন হয়, যা আমাদরে তাঁকে অনুসরণ করতে বাধা দচি্ছ, তাহলে আমরা যশিুকে আহ্বান করতে পার।

প্রশংসা

প্রার্থনা

১. আমাদরে জানা পছিয়িে পরা মানুষদরে উদ্ধার করার জন্য আমরা কভিাবে প্রার্থনা করতে পার?

২. যে গোষ্ঠীকে আপন প্রশকি্ষন দচি্ছনে তার জন্য আমরা কভিাবে প্রার্থনা করতে পার?

অধ্যয়ন

জ্বালানি নেই

পর্যালোচনা

আটটি ছবি কি, যা আমাদের যীশুকে অনুসরণ করতে সাহায্য করে?

সংখ্যাবর্ধন

একজন গোমস্তা কোন তিনটি কার্য্য করেন?

মানুষের প্রতি ঈশ্বরের প্রথম আদেশ কি?

মানুষের প্রতি ঈশ্বরের সর্বশেষ নির্দেশ কি?

আমি কিভাবে উর্বর এবং সংখ্যা-বর্ধক হয়ে উঠব?

ইসরায়েলের অবস্থিত দুটি সমুদ্রের নাম কি?

তারা এত কেন পৃথক?

আপনি কোনটির মতো হতে চান?

প্রেম

কোন তিনটি কার্য্য একজন মেষপালক করেন?

অন্যদের শেখানোর জন্য সর্বাপেক্ষা গুরুত্বপূর্ণ আদেশ কি?

প্রেমের উৎস কি?

সহজ উপাসনা কি?

আমরা কেন সহজ উপাসনা করব?

কতজন মানুষ সহজ উপাসনা করনে?

প্রার্থনা

কোন তনিটি কার্য্য একজন ধর্মপ্রচারক করনে?

আমাদরে কিভাবে প্রার্থনা করা উচতি?

ঈশ্বর আমদরে কিভাবে উত্তর দবেনে?

ঈশ্বররে দূরভাষ নম্বর কি?

অনুগমন

কোন তনিটি কার্য্য ভৃত্য করনে?

কার কাছে চরম কতৃত্ব আছে?

সকল বশি্বাসীকে যশিু কোন চারটি আদশে দয়িছেলিনে?

আমরা কিভাবে যশিুকে অনুগমন করব?

প্রত্যকে বশি্বাসীকে যশিু কি অঙ্গীকার করছেলিনে?

যশিুর মতো হওয়ার অর্থ কি?

–ম্যাথডি ৩:১৬-১৭– দীক্ষাপ্রাপ্ত হওয়ার পরে যশিু জল থকেে তৎক্ষনাত উঠে এলনে। স্বর্গ রাজ্যরে দ্বার অকস্মাত তাঁর জন্য খুলে গলে, এবং তনিি দখেলনে পরমশ্বেররে আত্মা একটি কপোতরে রূপ নয়িে তাঁর কাছে অধোগামী হয়ে এসছে।ে এবং সখোনে স্বর্গ রাজ্য থকেে একটি কিন্ঠস্বর ভসেে এলো: " ইনি আমার পরম প্রয়ি পুত্র। আমি তার প্রতি প্রসন্ন !" (এইছ সি এস বি)

☝ হাতটি মুখরে কাছে নয়িে যান যনে আপনি খাদ্য গ্রহণ করছনে। পুত্র বশেি খাদ্য গ্রহণ করে !

একজন পুত্র কোন তনিটি কার্য্য করনে?

–যোহান ১৭:৪, ১৮-২১– (যশিু বলছেনে....) আপনি আমাকে যে কাজ করতে দয়িছেলিনে তা সুসম্পন্ন করে আমি এখানে পৃথবিীতে আপনার গৌরব এনছে।ি ঠকি যভোবে আপনি আমাকে এই পৃথবিীতে পাঠয়িছেলিনে, আমওি তাদরে সভোবইে পৃথবিীতে পাঠাচ্ছ।ি এবং আমি নিজিকেে তাদরে জন্য পবত্রি ত্যাগ রূপে সম্প্রদান করব, তারাও যাতে আপনার সত্যটরি মাধ্যমে পবত্রি হয়ে ওঠে।আমি শুধুমাত্র তাদরে জন্য প্রার্থনা করছনিা, আমি তাদরে সকলরে জন্য প্রার্থনা করছ,ি যারা তাদরে বার্তার মাধ্যমে কোনদনি আমাকে বশি্বাস করব।ে আমি প্রার্থনা কর,ি তারা সবাই একত্র হব,ে যমেন আপনি আর আমি এক- যমেন আপনি আমার মধ্যইে সমাহতি , পতিা, এবং আমি আপনার মধ্যে সমাহতি। এবং তারাও যনে আমাদরে মধ্যে সমাহতি হয়, যাতে বশি্ব বশি্বাস করে যে আপনি আমাকে প্ররেণ করছেনে। (এন এল টি)

১. ____________________________

২. ____________________________

৩. ____________________________

যশিুর মন্ত্রক কনে সফল ছলি?

–লূক ৪:১৪– (তার প্রলোভনরে পর)ে এবং যশিু আত্মার শক্তরি জোরে গালীলিতে ফরিে এলনে , তাঁর সংবাদ আসপোশরে সকল গ্রামে ছড়য়িে পড়ল।

ক্রুশরে আগে যশিু পবত্রি আত্মা সম্পর্কে তাঁর বশি্বাসীদরে কাছে কি অঙ্গীকার করছেলিনে?

–যোহান ১৪:১৬-১৮– এবং আমি পতিাকে প্রশ্ন করব, এবং তনিি আপনাকে অপর উপদষ্টো দবেনে, যনিি আপনার সঙ্গে সর্বদা থাকবনে - সত্যর আত্মা। বশি্ব তাকে গ্রহণ করতে পারনো, কারণ এটা দখো যায় না, শোনাও যায় না। কনি্তু আপনি তাকে জাননে, কারণ সে আপনার সাথে থাকে এবং থাকবওে।আমি আপনাকে অনাথ করে ছড়েে যাব না; আমি আপনার কাছে আসব।

১. ____________________________

২. ____________________________

৩. ____

পুনরুত্থানরে পরে যশিু পবত্রি আত্মার সম্পর্কে বশি্বাসীদরে যশিু ক অিঙ্গীকার করছেলিনে?

– শষি্যচরতি ১:৮– পবত্রি আত্মা আপনার মধ্যে সমাহতি হলে আপনওি শক্তি পাবনে। এবং আপনি এবং সকলে জরেুজালমে, যুদয়ো এবং সামারয়িায় এবং পৃথবীর শষে প্রান্ত অবধি সব মানুষ আমার সাক্ষী হবনে। (এন এল টি)

পবত্রি আত্মার শক্তকিে কোন চারটি আদশে পালনীয়?

– গালাটয়িানস ৫:১৬– কন্তিু আমি বলি, আত্মার সাথে চলুন, এবং আপনি ঐহকি ইচ্ছা বহন করবনে না। (এন এ এস বি)

১. ____

আপনার দুই হাতে আঙ্গুল দয়িে "চলন" ভঙ্গি দখোন

–এফসেয়িানস ৪:৩০– এবং ঈশ্বররে পবত্রি আত্মাকে কষ্ট দবেনে না , তনি আপনার মুক্তরি জন্য আপনার নাম অঙ্কতি করছেনে। (এইচ স িএস বি)

২. ____

চোখ মুছুন যনে আপনি কাঁদছনে, এরপর মাথা নারান, যনে "না" বলছনে।

–ইফসেয়িানস ৫:১৮– ওয়াইন খয়েে নশোগ্রস্ত হবনে না, কারণ তা আপনার জীবন ধ্বংস করবে। পরবর্িতে, পবত্রি আত্মাতে সমাহতি হন... (এন এল টি)

৩. ____

দুটি হাত দয়িে একটি প্রবহমান ভঙ্গি করুন আপনার পায়রে পাতা থকেে উপরে আপনার মাথা অবধি।

–১ থসোলোনয়িানস ৫:১৯– আত্মার শখিা নভোবনে না ; (এন এ এস বি)

আত্মার শখিা নভোবনে না

8. ____

✋ডান হাতরে তর্জনী একটমি োমবাতরি মত ো করে ধরুন। অভনিয় করুন, যনে আপনসিটেনিভিয়িে দতিে চাইছনে। আপনার মাথা নাড়ান, যনে আপন"িনা" বলছনে।

স্মৃতচিারণ

–য োহান ৭:৩৮– আমাকে যারা বশি্বাস করনে, তাদরে মধ্যে যে কউে আমার সাথে আসতে পারনে এবং পান করতে পারনে ! কারণ,ধর্মগ্রন্থ ঘ োষণা করে, "জয়িন্ত জলরে নদী তাঁর হৃদয় থকেে প্রবহমান।" (এন এল টি)

অভ্যাস

"জ োড়রে মধ্যে যনিমিলনি স্থলরে থকেে সর্বাপকে্ষা দুরে থাকনে তনিনিতো হবনে।"

সমাপ্ত

যশিু এখানে ☛

–হবি্রুজ ১৩:৮– যশিু খ্রষ্টি কখনো পরবির্ততি হন না ! তনিগিতকাল যা ছলিনে, আজ তাই আছনে, এবং চরিকাল তাই থাকবনে। (সইি ভ)ি

–ম্যাথডি ১৫:৩০-৩১– এবং বপিুল জনতা তাঁর কাছে এল ো, তাদরে সাথে খ োঁড়া, পঙ্গু, অন্ধ, ব োবা, এবং আর ো অনকেকে নয়িে এলনে এবং তারা তাঁর পায়রে কাছে বসে রইলনে; এবং তনিতিাদরে নরিাময় করলনে। জনতা বস্মিতি হল ো, যখন দখেল ব োবা কথা বলছ,ে পঙ্গু সুস্থ হয়ে উঠছ,ে খ োঁড়া ব্যক্তহিাঁটছে, এবং অন্ধজন দৃষ্টফিরিে পয়েছে;ে এবং তারা ইসরায়লেরে ঈশ্বরকে গরমািন্বতি করলনে। (এন এ এস ব)ি

–য োহান ১০:১০– তস্কর শুধুমাত্র চুর,ি খুন এবং ধ্বংসরে কারণে আস;ে আমএিসছেি তাদরে জীবন দতি,ে এবং পরপিূর্ণতা দতি।ে

৭

গমন

গমন যশিুকে একজন সন্ধানী রূপে উপস্থাপন করে : সন্ধানী নতুন স্থানরে, দুঃস্থ মানুষরে, এবং নতুন সুযোগরে সন্ধানে থাকনে| কিভাবে যশিু সদি্ধান্ত নবেনে কোথায় যতেে হবে এবং ধর্মপ্রচার করতে হবে? তনিি নজিে সটেি করনেনি; তনিি দখেছেলিনে ঈশ্বর কোথায় কাজ করছেলিনে| তনিি ঈশ্বররে কাজে যোগদান করছেলিনে; এবং তনিি জানতনে ঈশ্বর তাঁকে ভালবাসনে এবং তাঁকে খয়োল করবনে| আমরা কিভাবে বুঝব কোথায় পৌরহত্যি করব?- একই ভাবে যভোবে যশিু করছেলিনে|

ঈশ্বর কোথায় কাজ করনে? তনিি দরদি্র, বন্দী, অসুস্থ, এবং হতাশ মানুষরে মাঝে কাজ করনে| অপর স্থান যখোনে ঈশ্বর কাজ করনে, সটেি আমাদরে পরবিার| তনিি আমাদরে সম্পূর্ণ পরবিারকে রক্ষা করতে চান| শকি্ষাত্রী তাদরে শষি্যচরতি ২৯ মানচত্রিে সইে মানুষ এবং স্থান চনি্হতি করনে, যখোনে ঈশ্বর কাজ করনে|

প্রশংসা

প্রার্থনা

১. আমাদরে জানা পছিয়িে পরা মানুষদরে উদ্ধার করার জন্য আমরা কভিাবে প্রার্থনা করতে পার?ি

২. যে গোষ্ঠীকে আপন িপ্রশকি্ষন দচি্ছনে তার জন্য আমরা কভিাবে প্রার্থনা করতে পার?ি

অধ্যয়ন

পর্যালোচনা

আটটি ছবি কি, যা আমাদের যিশুকে অনুসরণ করতে সাহায্য করে?

প্রেম

কোন তিনটি কার্য্য একজন মেষপালক করেন?

অন্যদের শেখানোর জন্য সর্বাপেক্ষা গুরুত্বপূর্ণ আদেশ কি?

প্রেমের উৎস কি?

সহজ উপাসনা কি?

আমরা কেন সহজ উপাসনা করব?

প্রার্থনা

কোন তিনটি কার্য্য একজন ধর্মপ্রচারক করেন?

আমাদের কিভাবে প্রার্থনা করা উচিত?

ঈশ্বর আমাদের কিভাবে উত্তর দেবেন?

**ঈশ্বরের দূরভাষ নম্বর কি? **

অনুগমন

কোন তিনটি কার্য্য ভৃত্য করেন?

কার কাছে চরম কর্তৃত্ব আছে?

সকল বিশ্বাসীকে যিশু কোন চারটি আদেশ দিয়েছিলেন?

আমরা কভিাবে যশিুকে অনুগমন করব?

প্রত্যকে বশি্বাসীকে যশিু ক অিঙ্গীকার করছেলিনে?

চলন

কোন তনিটি কার্য্য একজন পুত্র করনে?

যশিুর মন্ত্রনালয়ে শক্তরি মূল ক?ি

ক্রুশ বদি্ধ হওয়ার আগে পবত্রি আত্মা সম্পর্কে যশিু তাঁর বশি্বাসীদরে কাছে ক অিঙ্গীকার করছেলিনে?

যশিু তার পুনরাবরি্ভাবরে পরে পবত্রি আত্মা সম্পর্কে বশি্বাসীদরে কাছে ক অিঙ্গীকার করছেলিনে?

পবত্রি আত্মা সম্পর্কে কোন চারটি আদশে অনুসরনীয়?

যশিুর মতো হওয়ার অর্থ ক?ি

–লউিক ১৯:১০– মানব পুত্র এসছেনে দুঃস্থ মানুষদরে সন্ধান করতে এবং তাদরে উদ্ধার করতে। (এন এ এস ব)ি

____

☝চোখরে উপররে হাত রখেে সমনে পছিনে তাকান

কোন তনিটি কার্য্য একজন সন্ধানী করনে?

–মার্ক ১:৩৭,৩৮– এবং যখন তারা তাঁকে খুঁজে পলেনে, তারা বললনে: “সবাই আপনাকে খুজছনে!” যশিু উত্তর দলিনে, “চলো আমরা অন্য কোথাও যাই - কোনো নকিটবর্তী গ্রামে- যাতে আম সিখোনওে ধর্মপ্রচার করতে পার।ি সইে কারণইে আম এিসছে।ি”

১. ____

২. ____________________

৩. ____________________

যশিু কভিাবে সদি্ধান্ত ননে কোথায় ধর্মপ্রচার করতে হবে?

–যোহান ৫:১৯,২০- যশিু তাদরে এই উত্তর দলিনে: "আমতিোমাদরে সত্যি জানালাম, পুত্র নজিে কছিুই করতে পারনে না; সে খালি সটেকিরতে পার,ে যা তার পতিাকে করতে দখেছে,ে কারণ পতিা যা করনে পুত্র ও তাই কর।ে যহেতে ু পতিা পুত্রকে ভালবাসনে সহেতে ু তার যাবতীয় কর্ম তাঁকে প্রদর্শন করনে। হ্যাঁ, তোমাদরে বস্মিতি করে তনিপিুত্রকে এর থকেওে বশেী মহান দ্রব্য প্রদর্শন করনে।"

১. ____________________

একটহিাত হৃদয়রে উপরে রাখুন এবং মাথা নাড়য়িে বলুন 'না'।

২. ____________________

চোখরে উপর একটহিাত রাখুন; বাম দকিে এবং ডান দকিে খুজুন।

৩. ____________________

আপনার সামনরে কোনো স্থানে হাত রাখুন এবং মাথা নাড়য়িে বলুন হ্যাঁ।

৪. ____________________

প্রশংসা করার ভঙ্গতিে হাত উপরে তুলুন এবং তারপর নজিরে হৃদয়রে উপরে হাত আড়া আড়রিাখুন।

আমরা কভিাবে সদি্ধান্ত নবে কোথায় পৌরহত্যি করতে হবে ?

–১ যোহান ২:৫,৬– যারা ঈশ্বররে বানী অনুগমন করনে তারা সত্যপি্রদর্শন করনে কত গভীর ভাবে তারা তাঁকে ভালবাসনে। এভাবইে আমরা জানতে পারআিমরা তাঁর মধ্যইে বাস কর।ি যারা বলনে যে তারা ঈশ্বররে মধ্যে বাস করনে, তাদরে জীবন যশিুর জীবনরে মত হওয়া উচতি। (এন এল টি)

আমরা কিভাবে জানব ঈশ্বর কাজ করছেন?

– যোহান ৬:৪৪– কেউ আমার কাছে আসতে পারবেন না, যতক্ষণ না পিতা, যিনি আমাকে পাঠিয়েছেন তাকে আমার প্রতি আকর্ষণ করেন , আমি শেষ দিন অবধি তাকে উন্নীত করব।

যিশু কোথায় কাজ করছেন?

–লূক ৪:১৮-১৯– প্রভুর আত্মা আমাদের মধ্যেই বিরাজমান,কারণ তিনি আমাকে নিযুক্ত করেছেন দরিদ্রদের মধ্যে যিশুর জীবন ও শিক্ষা প্রচার করতে। তিনি আমাকে পাঠিয়েছেন বন্দিদের মুক্তি দেওয়ার জন্য, এবং অন্ধজনের দৃষ্টি ফিরিয়ে দেওয়ার জন্য, উত্পীড়িত ব্যক্তিদের মুক্তি দেওয়ার জন্য, এবং প্রভুর অনুকুল বছর প্রচার করার জন্য। (এন এ এস বি)

১. ____________________

২. ____________________

৩. ____________________

৪. ____________________

অপর কোন স্থানে যিশু কাজ করছেন?

দানব-কবলিত মানুষ-মার্ক ৫

কর্নেলিয়াস-শিষ্যচরিত ১০

ফিলিপিতে কারাপরিদর্শক - শিষ্যচরিত ১৬

স্মৃতিচারণ

–যোহান ১২:২৬– যে আমার অনুগামী হতে চান আমাকে অবশ্যই অনুসরণ করুন, কারণ আমি যেখানে আমার ভৃত্য দেরও সেখানে থাকা আবশ্যক। এবং পিতা তাদের প্রত্যেককে সম্মানিত করবেন যারা আমার সেবা করেন। (এন এল টি)

অভ্যাস

"জোড়ে যে মানুষটির **সর্বাপেক্ষা বেশি ভাই এবং বোন** আছে, সেই নেতা হবেন।"

সমাপ্তি

শিষ্যচরিত ২৯ মানচিত্র - দ্বিতীয় পর্ব

৮

বনিমিয়

বনিমিয় যশিুকে একজন সনৈকি রূপে উপস্থাপন করে: সনৈকি শত্রুদরে সাথে যুদ্ধ করে, কাঠনি্য সহ্য করে, এবং বন্দদিরে মুক্ত করে: যখন আমরা তাঁকে অনুসরণ করি, আমরাও সনৈকিে পরনিত হই| যইে মুহুর্তে আমরা ঈশ্বররে কাজে যােগদান করি, যখোনে তনিি কাজ করছনে, আমরা আধ্যাত্মকি যুদ্ধরে সম্মুখীন হই| বশি্বাসীরা কভিাবে শয়তানকে পরাজতি কর? আমরা যশিুর ক্রুশবদ্ধি হয়ে মৃত্যুবরণ করার মাধ্যমে, আমাদরে সাক্ষ্য ববিৃতি দয়িে, এবং আমাদরে বশি্বাসরে জন্য মৃত্যু বরণ করতে পছিুপা না হয়ে তাকে পরাজতি করি|

একটি শক্তশিালী সাক্ষ্য ববিৃতি যশিুর সাথে আমার দখো হওয়ার আগরে জীবনরে কাহনী অন্তর্ভুক্ত কর, আমি কভিাবে যশিুর সাথে মলিতি হলাম, এবং যশিুর সাথে চলন আমার জীবনে কি কি পরবির্তন আনলাে| সাক্ষ্য ববিৃতি খুবই গুরুত্বপূর্ণ, যখন আমাদরে বনিমিয় সময় মাত্র ৩ অথবা ৪ মনিটি হয়, যখন আমরা আমাদরে রুপান্তরতি বয়স উল্লখে করি না (কারণ বয়স কােনাে ব্যাপার নয়), এবং যখন আমরা এমন ভাষা ব্যবহার করি, যা অবশি্বাসীরাও বুঝতে পারব|

এই অধবিশেন একটি প্রতযিােগতিা দ্বারা শষে হয়: কে সবার আগে তার জানা ৪০ জন দুঃস্থ মানুষরে নাম লখিতে পারব| প্রথম, দ্বতিীয় এবং তৃতীয় স্থানাধকিারীদরে পুরস্কৃত করা হয়, কনি্তু সরবশষেে সবাইকইে পুরস্কৃত করা হয় কারণ আমরা সকলইে "বজিয়ী" যহেতেু আমরা জানি কভিাবে আমাদরে সাক্ষ্য ববিৃতি দতিে হয়|

প্রশংসা

প্রার্থনা

১. আমাদরে জানা পছিয়িে পরা মানুষদরে উদ্ধার করার জন্য আমরা কভিাবে প্রার্থনা করতে পারি?

২. যে গোষ্ঠীকে আপনি প্রশিক্ষন দিচ্ছেন তার জন্য আমরা কিভাবে প্রার্থনা করতে পারি?

অধ্যয়ন

পর্যালোচনা

আটটি ছবি কি, যা আমাদেরে যিশুকে অনুসরণ করতে সাহায্য করে?

প্রার্থনা

কোন তিনটি কার্য্য একজন ধর্মপ্রচারক করেন?

আমাদেরে কিভাবে প্রার্থনা করা উচিত?

ঈশ্বর আমাদেরে কিভাবে উত্তর দেবেন?

**ঈশ্বরের দূরভাষ নম্বর কি? **

অনুগমন

কোন তিনটি কার্য্য ভৃত্য করেন?

কার কাছে চরম কর্তৃত্ব আছে?

সকল বিশ্বাসীকে যিশু কোন চারটি আদেশ দিয়েছিলেন?

আমরা কিভাবে যিশুকে অনুগমন করব?

প্রত্যেকে বিশ্বাসীকে যিশু কি অঙ্গীকার করেছিলেন?

চলন

কোন তিনটি কার্য্য একজন পুত্র করেন?

যিশুর মন্ত্রনালয়ে শক্তির মূল কি?

ক্রুশ বদি্ধ হওয়ার আগে পবতি্র আত্মা সম্পর্কে যশিু তাঁর বশি্বাসীদরে কাছে ক িঅঙ্গীকার করছেলিনে?

যশিু তার পুনরাবরি্ভাবরে পরে পবতি্র আত্মা সম্পর্কে বশি্বাসীদরে কাছে ক িঅঙ্গীকার করছেলিনে?

পবতি্র আত্মা সম্পর্কে ক োন চারট িআদশে অনুসরনীয়?

গমন

ক োন তনিট িকার্য্য একজন সন্ধানী করনে?

ক িভাবে যশিু স্থরি করনে ক োথায় প ৌরহতি্য করতে হবে ?

আমরা ক িভাবে স্থরি করব, ক োথায় প ৌরহতি্য করতে হবে ?

ঈশ্বর কার্যে মগ্ন, আমরা ক িভাবে জানব?

যশিু ক োথায় কাজ করনে?

অপর ক োন স্থানে যশিু কার্য্য করনে?

যশিুর মত ো হওয়ার অর্থ ক?ি

–ম্যাথড়ি ২৬:৫৩– আপন িক িজাননেনো আম িআমার পতিাকে অনুর োধ জানাতে পার,ি এবং তনি িতৎক্ষনাত আমাকে বারটরিও অধকি দবেদূত স ৈনকিরে সাথে পাঠাবনে ? (স িই ভ)ি

তরবার ি ত োল ো

ক োন তনিট িকার্য্য স ৈনকি করনে?

–মার্ক ১:১২-১৫– তৎক্ষনাত ঈশ্বররে আত্মা যশিুকে মরভূমতিে প্ররেণ করলনে। তনি িসখোনে চল্লশিদনি থাকলনে যখন শয়তান তাঁর পরীক্ষা নলিনে। যশিু হংিস্র

প্রানীদরে সাথে বসবাস করলনে, কন্িতু দবেদূত গণ তাঁর যত্ন নলিনে। যোহান গ্রপে্তার হওয়ার পর়ে যশি্ গাললিি গিলেনে এবং ঈশ্বররে থকেে পরাপ্ত সুসমাচার প্রচার করলনে। তনিি বিললনে, " সময় এসছেে ! ঈশ্বররে রাজ্য শীঘ্রই আসবে। ঈশ্বরে প্রত্যাবর্তন করুন এবং সুসমাচারে বশি্বাস করুন !")(সহি ভ)

১. ________________

২. ________________

৩. ________________

আমরা কভিাবে শয়তানকে পরাজতি করব?

–দীপন ১২:১১– এবং তারা তাকে মষে শাবকরে রক্ত দয়িে এবং তাদরে সাক্ষ্য ববিৃতি দ্বারা পরাজতি করলনে। এবং তারা তারা এত বশেি মৃত্যু ভয়ে ভীত যে তাদরে জীবনকে তারা ভালবাসতে পারনেনি। (এন এল টি)

১. ________________

✋আপনার মধ্যমা দয়িে দুই হাতরে তালুর দকিে ইঙ্গতি করুন - ক্রুশবদ্ধি হওয়ার ইঙ্গতি।

২. ________________

✋মুখরে কাছে হাত জড়ো করুন যনে আপনি কাউকে কছিু বলছনে।

৩. ________________

✋হাতরে কব্জি একত্র করুন, যনে একটি শকিল।

একটি শক্তশিালী সাক্ষ্য ববিৃতরি রূপরখো কি?

১. ________________

✋আপনার সামনে বাম দকিে ইঙ্গতি করুন।

২. ________________

✋আপনার সামনে কন্দ্রে ইঙ্গতি করুন।

৩. ____________________

☝ডান দকিে ফরিুন এবং হাত উপরে এবং নচিে করুন।

৪. ____________________

☝নজিরে মন্দরিরে দকিে ইঙ্গতি করুন- যনে আপনি একটি প্রশ্ন ভাবছনে।

অনুসরণ করার কছিু গুরুত্বপূর্ণ রূপ রখো ক?ি

১. ____________________

২. ____________________

৩. ____________________

স্মৃতচিারণ

–১ করনি্থীয়ানস ১৫:৩,৪– আমি যা পয়েছেলিাম সর্বপ্রথমে আমি তোমাদরে কাছে তাই সম্প্রদান করছে:ি যে ধর্মগ্রন্থ অনুসারে খ্রষ্টি আমাদরে পাপরে কারণে মৃত্যু বরণ করছেনে,তাঁকে কবর দওেয়া হয়ছে,ে এবং ধর্মগ্রন্থ অনুযায়ী তৃতীয় দনিে তাঁর পুনরুত্থান ঘটছে ে....

অভ্যাস

"**সর্বাপকে্ষা সশব্দে** এবং দ্রুত গততিে যনিি পড়তে পারবনে, তনিি নতো হবনে।"

লবন এবং চনিি ☛

সমাপ্তি

কে সর্বাগ্রে চল্লশি জন দুঃস্থ মানুষদরে তালকিা গঠন করতে পারনে? ☛

৯

বপন

বপন যশিুকে একজন বপক রূপে উপস্থাপন করে: বপক বীজ বপন করে, খতে পরচির্যা করে, এবং চাষরে কাজে আনন্দ লাভ করে| যশিু একজন বপক এবং তনি আমাদরে মধ্যইে বসবাস করনে; যখন আমরা ওনাকে অনুসরণ কর,ি আমরাও বপকরে ভূমকিা পালন করি| যখন আমরা অল্প বপন কর,ি আমরা অল্প ফসল পাই | যখন আমরা অনকে বপন কর,ি তখন অনকে ফসল পাই |

মানুষরে জীবনে আমাদরে কবিপন করা উচতি? শুধুমাত্র যশিুর জীবন ও শক্ষিা তাদরে রূপান্তর ঘটাতে পারে এবং তাদরে ঈশ্বররে পরবিারে ফরিয়িে আনতে পারে| যইে আমরা জানতে পার,ি ঈশ্বর একজন মানুষরে জীবন সুন্দর করে তুলছনে, আমরা তাদরে সাথে যশিুর জীবনধারা ও শক্ষিা বনিমিয় করি| আমরা জান,ি এটি ঈশ্বররে শক্তি যা তাদরে উদ্ধার করবে|

প্রশংসা

প্রার্থনা

১. আমাদরে জানা পছিয়িে পরা মানুষদরে উদ্ধার করার জন্য আমরা কভিাবে প্রার্থনা করতে পার?ি

২. যে গোষ্ঠীকে আপনি প্রশক্ষিন দচি্ছনে তার জন্য আমরা কভিাবে প্রার্থনা করতে পার?ি

অধ্যয়ন

পর্যালোচনা

আটটি ছবি কি, যা আমাদের যিশুকে অনুসরণ করতে সাহায্য করে?

অনুগমন

কোন তিনটি কার্য্য ভৃত্য করেন?

কার কাছে চরম কর্তৃত্ব আছে?

সকল বিশ্বাসীকে যিশু কোন চারটি আদেশ দিয়েছিলেন?

আমরা কিভাবে যিশুকে অনুগমন করব?

প্রত্যেক বিশ্বাসীকে যিশু কি অঙ্গীকার করেছিলেন?

চলন

কোন তিনটি কার্য্য একজন পুত্র করেন?

যিশুর মন্ত্রণালয়ে শক্তির মূল কি?

ক্রুশ বিদ্ধ হওয়ার আগে পবিত্র আত্মা সম্পর্কে যিশু তাঁর বিশ্বাসীদের কাছে কি অঙ্গীকার করেছিলেন?

যিশু তার পুনরাবির্ভাবের পরে পবিত্র আত্মা সম্পর্কে বিশ্বাসীদের কাছে কি অঙ্গীকার করেছিলেন?

পবিত্র আত্মা সম্পর্কে কোন চারটি আদেশ অনুসরনীয়?

গমন

কোন তিনটি কার্য্য একজন সন্ধানী করেন?

কি ভাবে যশিু স্থরি করনে কোথায় পৌরহতি্য করতে হবে ?

আমরা কি ভাবে স্থরি করব, কোথায় পৌরহতি্য করতে হবে ?

ঈশ্বর কার্যে মগ্ন, আমরা কি ভাবে জানব?

যশিু কোথায় কাজ করনে?

অপর কোন স্থানে যশিু কার্য্য করনে?

বনিমিয়

কোন তনিটি কার্য্য একজন সনৈকি করনে?

শয়তানকে আমরা কি ভাবে পরাজতি করি?

শক্তশিালী ঐশ্বরকি রূপরখো কোথায়?

কোন কোন গুরুত্বপূর্ণ পথ-নরি্দশেক সুত্র অনুসরণীয়?

যশিুর মতো হওয়ার অর্থ কি?

–ম্যাথডি ১৩:৩৬,৩৭- তারপর তনি (যশিু) ভড়ি ত্যাগ করলনে ও গৃহে প্রবশে করলনে এবং তাঁর অনুগামীগন তাঁর কাছে এলনে ও বললনে," জমরি শ্যামাঘাসরে উপমা-কাহনীর অর্থ ব্যাখ্যা করুন।"   এবং তনি বিললনে, " যনি ভািলো বীজ বপন করনে, তনি মিানব পুত্র।" (এন এ এস ব)ি

হাত দয়িে বীজ ছড়ান

কোন তনিটি কার্য্য বপক করনে?

–মারক ৪:২৬-২৯– যশিু পুনরায় বললনে: যমেন একজন চাষী একটি ক্ষতেে বীজ বপন করনে, ঈশ্বররে রাজ্যও তমেন।ি চাষী রাত্রে শয়নকরনে এবং দনিে নজিরে কাজ করনে। বীজ তার নজিরে মত অঙ্কুরতি হয় এবং বড়েে চলে, কনি্তু চাষী জানে না

কিভাবে এটা হয়। এটি সেই জমি, যা বীজ কে অঙ্কুরিত করে এবং গাছ হয়ে বেড়ে উঠতে সাহায্য করে, যা ফসল উত্পাদন করে। যখন ফসল তোলার সময় আসে এবং ফসল পেকে যায়, চাষী কাস্তে দিয়ে ফসল কাটে"। (সেই ভি)

১. ____

২. ____

৩. ____

মৌলিক বেদবাক্য (যিশুর জীবনধারা ও শিক্ষা) কি?

–লূক ২৪:১-৭– সপ্তাহের প্রথম দিন, খুব ভোরে, মহিলাটি মশলাগুলি নিলেন, যেগুলি তিনি তৈরি করেছিলেন এবং সমাধিক্ষেত্রে গেলেন। তারা সমাধি থেকে গড়িয়ে পরা পাথর গুলি পেলেন, কিন্তু তারা যখন প্রবেশ করলেন, তারা প্রভু যিশুর দেহ খুঁজে পেলেন না। যখন তারা আশ্চর্য্য হলেন, অকস্মাৎ দুজন মানুষ এসে দাঁড়ালেন, যাদের সারি থেকে এল বিচ্ছুরিত হচ্ছিল। ভয় ও ভক্তিতে তারা তাদের মাথা মাটিতে নত করলেন, কিন্তু সেই মানুষগুলি বললেন, "আপনারা মৃতদের মাঝে জীবন্ত মানুষকে কেন খুঁজছেন ? তিনি এখানে নেই; তিনি পুনরাবির্ভাবিত হয়েছেন ! মনে করুন, তিনি আপনাদের কি ভাবে বলেছিলেন, যখন তিনি আপনাদের সাথে গালিলিতে ছিলেন: ' মানব-পুত্রকে পাপীদের হাতে তুলে দেওয়া হবে, তাকে ক্রুশ বিদ্ধ করা হবে এবং তৃতীয় দিনে পুনরায় তাঁর পুনরাবির্ভাব হবে।"

প্রথম

১. ____

আপনার হাত দিয়ে একটি বড় গোলাকৃতি তৈরি করুন।

২. ____

একত্রে দুটি হাত আঁকড়ে জড়ো করুন।"

দ্বিতীয়

১. ____

🖑 মুষ্ঠি তুলুন এবং লড়াই করার ভান করুন।

২. ______________________________

🖑 হাত আঁকড়ে জড়ো করুন এবং তাদরে আলাদা করার জন্য দুরে টানুন।

তৃতীয়

১. ______________________________

🖑 হাত টা মাথার উপর তুলুন এবং নম্নিমুখী গতি তরৈি করুন।

২. ______________________________

🖑 এক হাতরে মধ্যমাটি অন্য হাতে রাখুন।

৩. ______________________________

🖑 ডান কনুই বাম হাত দয়িে ধরুন এবং ডান বাহু পশ্চাত মুখে ঘোরান, যনে কবর দওেয়া হচ্ছ।ে

৪. ______________________________

🖑 তনিটি আঙ্গুলরে সাহায্যে বাহু তুলুন।

৫. ______________________________

🖑 বাইররে দকিে মুখ করে হাতরে তালু নচিে নামান। তারপর, আপনার বহু তুলুন এবং নজিরে হৃদয়রে উপর আড়াআড়ি ভাবে রাখুন।

চতুর্থ

১. ______________________________

🖑 একজনরে দকিে হাত তুলুন যাকে আপনি বশ্বিাস করুন।

২. ______________________________

🖑 হাতরে তালু মুখকে রক্ষা করার নমিত্তিে বাইররে দকিে রাখুন; মুখ ফরিয়িে রাখুন।

৩. ______________________________

হাত টপিয়োলার মত করুন

৪. ______________________________

দুটি হাত একত্রে আঁকড়ে জড়ো করুন।

স্মৃতিচারণ

–লূক ৮:১৫– ভালো মাটিতে পরা বীজ তাদের জন্য, যারা সৎ এবং সুহৃদয়ের অধিকারী, যে ঈশ্বরের বাণী শোনে, পালন করে, এবং টা সংরক্ষণ করে ফসল উত্পন্ন করে।

____

অভ্যাস

সমাপ্তি

শিষ্যচরিত ২৯:২১ কোথায়?

শিষ্যচরিত ২৯ মানচিত্র- তৃতীয় পর্ব

১০

অবলম্বন

অধবিশেনরে সমাপ্তি পর্ব হলো **অবলম্বন**। যশিু আমাদরে ক্রুশ অবলম্বন করে চলার এবং তাঁকে অনুসরণ করার আদশে দয়িছেনে। শষ্যিচরতি ২৯ মানচতি্র ক্রুশরে একটি ছবি, যা যশিু সকল শকি্ষাতর্ীকে অবলম্বন করে চলতে বলছেনে।

এই চূড়ান্ত অধবিশেনে, শকি্ষাতর্ীরা তাদরে গোষ্ঠরি কাছে শষ্যিচরতি ২৯ মানচতি্রটরি উপস্থাপন করনে। প্রতি উপস্থাপনার পরে, গোষ্ঠী উপস্থাপক এবং শষ্যিচরতি ২৯ মানচতি্রটরি উপর হাত রখেে, ঈশ্বররে আশরি্বাদ এবং তাদরে মন্ত্রকরে উন্নতি প্রার্থনা করনে। এরপর গোষ্ঠী উপস্থাপক কে নরি্দশেটি তিনিবার পুনরাবৃত্তি দ্বারা আহ্বান করে, "নজিরে ক্রুশ অবলম্বন করুন এবং যশিুকে অনুসরণ করুন।" শকি্ষাতর্ীরা পালাক্রমে তাদরে শষ্যিচরতি ২৯ মানচতি্রটি উপস্থাপন করে, যতক্ষণ না তারা সকলে করছনে। শকি্ষণ সময় সমাপ্ত হয় নতুন অনুগামী গঠনরে অঙ্গীকাররে একটি উপাসনা সঙ্গীতরে মাধ্যমে এবং একজন স্বীকৃত আধ্যাত্মকি নতোর সমাপ্ত সঙ্গীতরে মাধ্যমে।

প্রশংসা

প্রার্থনা

পর্যালোচনা

আটটি ছবি কি, যা আমাদরে যশিুকে অনুসরণ করতে সাহায্য করে?

সংখ্যাবর্ধন

একজন গ োমস্তা ক োন তনিটি কার্য্য করনে?

মানুষরে প্রতি ঈশ্বররে প্রথম আদশে কি?

মানুষরে প্রতি ঈশ্বররে সর্বশষে নরি্দশে কি?

আমি কভিাবে উর্বর এবং সংখ্যা-বর্ধক হয়ে উঠব?

ইসরায়লেরে অবস্থতি দুটি সমুদ্ররে নাম কি?

তারা এত কনে পৃথক?

আপনি ক োনটরি মত ো হত ে চান?

প্রমে

ক োন তনিটি কার্য্য একজন মষেপালক করনে?

অন্যদরে শখোন োর জন্য সর্বাপক্ষো গুরুত্বপূর্ণ আদশে কি?

প্রমেরে উৎস কি?

সহজ উপাসনা কি?

আমরা কনে সহজ উপাসনা করব?

কতজন মানুষ সহজ উপাসনা করনে?

প্রার্থনা

ক োন তনিটি কার্য্য একজন ধর্মপ্রচারক করনে?

আমাদরে কভিাবে প্রার্থনা করা উচতি?

ঈশ্বর আমদরে কি ভাবে উত্তর দবেনে?

ঈশ্বররে দূরভাষ নম্বর কী?

অনুগমন

কোন তনিটি কার্য্য ভৃত্য করনে?

কার কাছে চরম কতৃত্ব আছে?

সকল বশি্বাসীকে যশিু কোন চারটি আদশে দয়িছেলিনে?

আমরা কি ভাবে যশিুকে অনুগমন করব?

প্রত্যকে বশি্বাসীকে যশিু কি অঙ্গীকার করছেলিনে?

চলন

কোন তনিটি কার্য্য একজন পুত্র করনে?

যশিুর মন্ত্রনালয়ে শক্তরি মূল কি?

ক্রুশ বদ্ধি হওয়ার আগে পবত্রি আত্মা সম্পর্কে যশিু তাঁর বশি্বাসীদরে কাছে কি অঙ্গীকার করছেলিনে?

যশিু তার পুনরাবর্িভাবরে পরে পবত্রি আত্মা সম্পর্কে বশি্বাসীদরে কাছে কি অঙ্গীকার করছেলিনে?

পবত্রি আত্মা সম্পর্কে কোন চারটি আদশে অনুসরনীয়?

গমন

কোন তনিটি কার্য্য একজন সন্ধানী করনে?

কি ভাবে যশিু স্থরি করনে কোথায় পৌরহত্যি করতে হবে ?

আমরা কিভাবে স্থির করব, কোথায় পৌরহিত্য করতে হবে?

ঈশ্বর কার্যে মগ্ন, আমরা কিভাবে জানব?

যিশু কোথায় কাজ করেন?

অপর কোন স্থানে যিশু কার্য্য করেন?

বিনিময়

কোন তিনটি কার্য্য একজন সৈনিক করেন?

শয়তানকে আমরা কিভাবে পরাজিত করি?

শক্তিশালী ঐশ্বরিক রূপরেখা কোথায়?

কোন কোন গুরুত্বপূর্ণ পথ-নির্দেশক সূত্র অনুসরণীয়?

বপন

কোন তিনটি কার্য্য একজন বপক করেন?

যিশুর জীবন ও শিক্ষা কি, যা আমরা বিনিময় করি?

অধ্যয়ন

যিশু তাঁর অনুগামীদেরে প্রতিদিন কি করতে বলছেন?

–লূক ৯:২৩– তারপর তিনি সবাইকে বললেন: " যদি আমার পিছনে কেউ আসেন, তাহলে তাকে নিজেকে অস্বীকার করতে হবে এবং নিজের ক্রুশ রোজ নিজে অবলম্বন করে তাঁকে অনুসরণ করতে হবে।"

চারটি কিন্ঠস্বর কি, যারা আপনাকে নিজিরে ক্রুশ অবলম্বন করার জন্য আহ্বান জানায়?

–মার্ক ১৬:১৫– এবং তনিতিাদরে বললনে, “ সমগ্র বশি্বে গমন কর এবং সকলরে কাছে ধর্ম প্রচার করো।” (এন এল টি)

১. ____________________

আকাশরে দকিে আঙ্গুল তুলুন।

–লউিক ১৬:২৭-২৮–” পতিা,” তনিি বিললনে, “ তারপর আমি আপনার কাছে ভকি্ষা চাইলাম তাঁকে আমার পতিার গৃহে পাঠানোর জন্য- কারণ আমার পাঁচটি ভাই আছে- তাদরে সাবধান করার জন্য, যনে তারা এই পীড়ন স্থানে না আসনে।” (এইছ সি এস বি)

২. ____________________

আঙ্গুল নচিে মাটরি দকিে দখোন।

–১ করনি্থীয়ানস ৯:১৬– আমি যে যশিুর জীবন ও শকি্ষা প্রচার করি, তার জন্য আমি অহংকার করি না , কারণ আমি যশিুর জীবন ও শকি্ষা প্রচার করতে বাধ্য। ধকি আমাকে, যদি আমি এই যশিুর জীবন ও শকি্ষা প্রচার না করতাম !

৩. ____________________

নজিরে হৃদয়রে দলিে আঙ্গুল দখোন

–শষি্যচরতি ১৬:৯– সইে রাত্রে পল একটি দৃশ্য দখেলনে: উত্তর গ্রীসরে ম্যাকডোনয়িার একজন মানুষ সখোনে দাড়য়িে তাঁকে অভবিাদন জানাচ্ছনে, “ম্যাকডোনয়িাতে আসুন এবং আমাদরে সাহায্য করুন ! (এন এল টি)

৪. ____________________

হাত দুটি জিড়ো করে আঁকড়ে ধরুন এবং একটি “এখানে আসুন” ভঙ্গি করুন।

উপস্থাপনা

শষি্যচরতি ২৯ মানচতি্র

প্রশকি্ষকদরে প্রশকি্ষণ

এই বভিাগে আলােচনা করা হয়ছেে কভিাবে প্রশকি্ষকদরে একটি গঠনকারী উপায় শকি্ষা দতিে হবে. প্রথমে, আমরা আপনার সাথে ফলাফলগুলি বনিমিয় করব, যা আপনি অন্যদরে মৌলকি অনুশষি্যদরে গঠন এর দ্বারা প্রশকি্ষণ দওেয়ার পর যুক্তসিঙ্গতরূপে আশা করতে পারনে। তারপর, আমরা আপনার জন্য প্রশকি্ষণ প্রক্রয়িার রূপরখো দবে, যখোনে রয়ছেে

১)উপাসনা ২)প্রার্থনা ৩)অধ্যয়ন এবং ৪)অভ্যাস, যা সর্বাপক্ষো গুরুত্বপূর্ণ নর্দিশেবলীর উপর ভত্তিকি। পরশিষেে, আমরা প্রশকি্ষকদরে প্রশকি্ষণরে উপর কছিু মূল নীতরি কছিু জানাব , যা আমরা হাজার হাজার প্রশকি্ষকদরে প্রশকি্ষণ দতে্তেয়ার সময় আবষি্কার করছে।ি

ফলাফল

মৌলকি অনুশষি্য গঠন সমাপ্তরি পরে, শকি্ষার্থীরা সক্ষম হবে:

- একটি গঠনকর প্রশকি্ষণরে পদ্ধতি ব্যবহার করে, অন্যান্যদরে খ্রীষ্টরে উপর ভত্তিি করে দশটি প্রাথমকি অনুগামী গঠনকারী পাঠগুলরি শখোতে

- আটটি স্পষ্ট ছবি মনে করুন যা যশিুর অনুগামীর ছবি তুলে ধরে।

- উপাসনা অভজি্ঞতার সবচয়েে গুরুত্বপূর্ণ অনুশাসন উপর ভত্তিি করে একটি সহজ, ছােট গােষ্ঠীতে নতেৃত্ব দনি।

- আত্মবশি্বাসরে সঙ্গে একটি শক্তশিালী সাক্ষ্য এবং যশিুর জীবন ও উপাসনার উপস্থাপনা উপাসনা করুন

- পছিয়িে পরা এবং প্রশকি্ষন বশি্বাসীদরে কাছে পৌঁছনোর জন্য শষি্যচরতি ২৯ মানচত্রি ব্যবহার করে একটি বাস্তবকি দৃষ্টি উপস্থাপন করুন

- একটি অনুশষি্য গ োষ্ঠী আরম্ভ করুন (যার কছিু পরে গরি্জায় পরনিত হবে) এবং অন্যান্যদরে একই কাজ করার জন্য প্রশকি্ষণ দনি।

প্রণালী

প্রতটিি অধবিশেন একই কার্য্য বধিি অনুসরণ করে। অনুক্রম প্রণালী এবং আনুমানকি কার্যাদরি সময়সূচি নমি্নলখিতি :

প্রশংসা

- ১০ মনিটি
- কাউকে অধবিশেন শুরু করতে অনুর োধ করুন, গ োষ্ঠরি প্রত্যকেরে জন্য ঈশ্বররে আশীর্বাদ এবং দকিবন্যািসরে জন্য প্রার্থনা করুন। দলরে কাউকে কয়কেটি কিোরাস্ অথবা স্তবগান এ নতেৃত্ব করার জন্য নযিুক্তকরুন (আপনার প্রসঙ্গরে উপর নর্িভর করে); যন্ত্রসঙ্গীত বাধ্যতামূলক নয়।

প্রার্থনা

- ১০ মনিটি
- শকি্ষার্থীদরে মধ্যে সঙ্গী নর্িবাচন করে বভিন্নি জ োড় তরৈি করে বভিক্ত করুন, যে পূর্বে সঙ্গী হয়নি।
- সঙ্গীরা পরস্পররে কাছে দুটি প্রশ্নরে উত্তর বনিমিয় করবনে.:

  ১. আমাদরে জানা পছিয়িে পরা মানুষদরে উদ্ধার করার জন্য আমরা কভিাবে প্রার্থনা করতে পারি?

  ২. যে গ োষ্ঠীকে আপনি প্রশকি্ষন দচি্ছনে তার জন্য আমরা কভিাবে প্রার্থনা করতে পারি?

- যদি কে োন ো শকি্ষার্থী একটি গ োষ্ঠীর সূচনা না করে থাকে, তাহলে তাদরে সঙ্গীদরে উচতি, সম্ভাব্য বন্ধু এবং পরবিাররে প্রশকি্ষণ নমিত্তিে একটি

তালকিা গঠন করার জন্য তার সঙ্গে কাজ করা, এবং তাদরে তালকিাভুক্ত মানুষরে সঙ্গে প্রার্থনা করা।

অধ্যয়ন

যশিুর প্রশকি্ষণ অনুসরণ কার্য্য বধিি নম্নিলখিতি পদ্ধতি ব্যবহার কর: প্রশংসা, প্রার্থনা, অধ্যয়ন, এবং অভ্যাস. এই প্রক্রয়িা সহজ উপাসনা বন্যািসরে উপর ভত্তিকি, যার ব্যাখ্যা পৃষ্ঠা ৩৩ এর শুরুত করা হয়ছে।

- ৩০ মনিটি
- প্রতটিি "অধয়ন" পাঠ "পর্যালোচনা " দয়িে আরম্ভ হয়, এটা খ্রীষ্টরে আটটি ছবি একটি পর্যালোচনা এবং সইে
- অনুযায়ী পাঠগুলি অধগিত। প্রশকি্ষণ শষে, শকি্ষার্থীরা স্মৃতি থকে সম্পূর্ণ প্রশকি্ষণ আবৃত্তি করত পারবনে।
- "পর্যালোচনা "-এর পর, প্রশকি্ষকরে অথবা শকি্ষানবশি
- বর্তমান পাঠ দয়িে শকি্ষার্থীদরে প্রশকি্ষণ দনে, শকি্ষার্থীরা যাত মন দয়িে শোনন, সইে বষিয়রে উপর জোর দবেনে,কারণ
- তারা পর প্রত্যককে অন্যান্যদরে প্রশকি্ষণ দবেনে।
- যখন প্রশকি্ষক পাঠ উপস্থাপন করনে, তাদরে নম্নিলখিতি ক্রম ব্যবহার করা উচতি:

১. প্রশ্ন জজ্ঞিাসা করুন

২. ধর্মশাস্ত্র পড়ুন

৩. শকি্ষার্থীদরে প্রশ্নরে উত্তর দতি উত্সাহতি করুন

এই প্রক্রয়িাটি জীবনরে অধকিার রূপ ঈশ্বররে বানীক জায়গা দয়ে এবং শকি্ষকক না। প্রায়শই, শকি্ষকরা একটি প্রশ্ন জজ্ঞিাসা করনে, উত্তর দনে, এবং তারপর ধর্মশাস্ত্র দয়িে তাদরে উত্তরটি

সমর্থন করনে। এই অনুক্রম ঈশ্বররে বানীর পরবির্তে শকি্ষককে কর্তৃপক্ষ হসিাবে রাখে।

- যদি শকি্ষার্থীদরে প্রশ্নরে ভুল উত্তর দয়ে, সগেুলোকে সংশোধন করবনে না, কন্তিু অংশগ্রহণকারীদরে ধর্মশাস্ত্র অংশটি সশব্দে পড়তে এবং আবার উত্তর দতিে অনুরোধ করুন।

- প্রতটিি পাঠ একটি স্মৃতচিারণ দ্বারা সমাপ্ত হয়। প্রশকি্ষক এবং শকি্ষার্থীরা একত্রে দাড়ান এবং দশ বার স্মৃতচিারণ আবৃত্তি করনে; প্রথমে স্মৃতচিারণ সূচনা উক্তি করনে, এবং তারপর সম্পূর্ণ স্মৃতচিারণটি। শকি্ষার্থী প্রথম ছয় বার স্মৃতচিারণটি বলার জন্য বাইবলে অথবা তাদরে শকি্ষা ববিরণী ব্যবহার করতে পারনে। কন্তিু শষে চার বার, গোষ্ঠী মন থকেে স্মৃতচিারণ আবৃত্তি করনে। সম্পূর্ণ গোষ্ঠী দশ বার স্মৃতচিারণ আবৃত্তি করনে এবং তারপর বসনে।

অভ্যাস

- ৩০ মনিটি

- পূর্বে, প্রশকি্ষক "প্রার্থনা" বভিাগরে জন্য শকি্ষার্থীদরে বভিক্ত করছেলিনে। সইে প্রার্থনা সঙ্গীই এখন তাদরে অভ্যাস সঙ্গী.

- প্রতটিি অধ্যায়ে একটি জোড়-এ কে "নতো" হবনে, তা নর্িবাচন করার একটি পদ্ধতি আছে। নতো হলনে এমন একজন ব্যক্তি যনিি প্রথমে পড়াবনে। প্রশকি্ষক গোষ্ঠীতে প্রতটিি জোড়রে নতো পছন্দ করার জন্য পদ্ধতটিরি ঘোষণা করনে।

- প্রশকি্ষককে অনুসরণ করে, নতো তাদরে সঙ্গীকে প্রশকি্ষণ দনে। প্রশকি্ষন সময়কালরে মধ্যে পর্যালোচনা এবং নতুন পাঠ থাকবে, এবং স্মৃতচিারণ দয়িে এটি শষে হবে। শকি্ষার্থীরা "স্মৃতচিারণ" আবৃত্তি করার জন্য উঠে দাঁড়ান এবং এটি সমাপ্ত হওয়ার পরে বসতে পারনে, তাই প্রশকি্ষক দখেতে পারনে, কোন কোন শকি্ষার্থী এটি সম্পূর্ণ করছেনে।

- যখন একটি জোড়রে প্রথম একজন ব্যক্তরি পাঠ শষে হয়, দ্বতিীয় একজন ব্যক্তি প্রক্রয়িার পুনরাবৃত্তি করনে, এভাবে তারা প্রশকি্ষন অভ্যাসও করতে

পারনে। অনুগ্রহ করে নশি্চতি হন যে কোনো জোড় যনে প্রকর়িয়াটি উপকে্ষা অথবা সংক্ষপি্ত না করে.

- অভ্যাস কালে তারা আপনাকে সঠকি অনুসরণ করছে কনিা তা নশি্চতি করার জন্য কক্ষ পরদির্শন করুন । সঠকি হস্ত মুদ্রা ব্যবহারে ব্যর্থতা একটি সঙ্কতে যে তারা আপনাকে অনুসরণ করছনে না। বারবার গুরুত্বারোপ করুন যে তারা যনে আপনার শৈলী নকল করে.

- তাদরেকে একটি নিতুন সঙ্গী খুঁজে দনি এবং পালাক্রমে বদলী করে আবার অভ্যাস করান।

সমাপ্তি

- ২০ মনিটি

- অধকিাংশ অধবিশেন একটি ব্যবহারকি প্রয়োগ শকি্ষার কর্মকান্ড দ্বারা শষে হয়। শকি্ষার্থীদরে প্রচুর সময় দনি তাদরে শকি্ষাচরতি ২৯ মানচতি্রর উপরে কাজ করার জন্য এবং তাদরে কর্মক্ষত্রের পরদির্শনরে সাথে তাদরে উত্সাহ দনি এবং কাজ করতে করতে অন্যান্যদরে থকেে তাদরে ধারণাগুলি সংগ্রহ করুন।

- যে কোনো প্রয়োজনীয় ঘোষণা করুন এবং তারপর কাউকে আশীর্বাদ প্রার্থনা করার জন্য অনুরোধ করুন। যে আগে প্রার্থনা করনেনি তাকে প্রার্থণা করতে বলুন – প্রশকি্ষণ শষে, প্রত্যকেরেই অন্তত একবার করে প্রার্থনা করা উচতি.

সহজ উপাসনা

সহজ উপাসনা যীশুর প্রশিক্ষণ অনুসরণ এর একটি সমালোচনামূলক উপাদান অনুশিষ্য গঠনের একটি মূল প্রশিক্ষণ।

মহান অনুশাসনের উপর নরি্ভর করে সহজ উপাসনা মানুষকে

শিক্ষা দেয়ে, কিভাবে আদেশে মান্য করে ঈশ্বরের প্রতি তাদের হৃদয় দিয়ে, আত্মা দিয়ে, সমস্ত মন দিয়ে, এবং সমস্ত শিক্ষা দিয়ে ভালবাসা জানাতে হয়।

আমাদের সমস্ত হৃদয় দিয়ে আমরা ঈশ্বরকে ভালবাসি, তাই আমরা তাঁর প্রশংসা করি। আমরা ঈশ্বরকে ভালবাসি আমাদের সমস্ত আত্মা দিয়ে, তাই আমরা তাঁর প্রার্থণা করি। আমরা ঈশ্বরকে ভালবাসি আমাদের সমস্ত মন দিয়ে, তাই আমরা বাইবলে অধ্যয়ন করি। পরিশিষে, আমরা ঈশ্বরকে ভালবাসি আমাদের সমস্ত শক্তি দিয়ে, তাই আমরা যা শিখিছে তা অভ্যাস করি, যাতে অন্যান্যদের সাথে এটা বিনিময় করতে পারি।

ঈশ্বর সমগ্র দক্ষিণ পূর্ব এশিয়ার ছোট ছোট গোষ্ঠীগুলিকে আশীর্বাদ করেছেনে, যারা আবিষ্কার করেছেনে যে তারা যে কোনো স্থানে সহজ উপাসনা করতে পারেনে– ঘর, রেস্তোঁরা, নগর উদ্দ্যানে, রববিার বিদ্যালয়ে, এমন কি বুদ্ধমন্দিরেও !

প্রক্রিয়া

- চারটি গোষ্ঠরি মধ্যে ভাগ করুন
- প্রতিটি ব্যক্তি সহজ উপাসনার বিভিন্ন অংশ নেয়ে
- প্রত্যকেটি সময় আপনি সহজ উপাসনার অভ্যাস করেনে, শিক্ষাত্রীরা সহজ উপাসনার তাদের অংশটি পর্যায়ক্রমে অভ্যাস করবেনে, যাতে প্রশিক্ষণ সময় শেষে তারা তাদের অংশটি অন্তত দুইবার অভ্যাস করে থাকনে।

প্রশংসা

- দলরে একজন ব্যক্তি দুটি স্লোক অথবা স্তবগানরে নতেৃত্ব দনে (আপনার প্রসঙ্গরে উপর নর্িভরশীল)

- যন্ত্রপাতরি প্রয়োজন হবে না

- প্রশক্ষিণ অধবিশেনে শক্ষিার্থীদরে তাদরে আসন এমনভাবে স্থাপন করতে বলুন যনে তারা একত্রে একটি কিফখািনার টবেলি এ বসে আছনে।

- প্রত্যকে গোষ্ঠী বভিন্নি গান গাইবে এবং সইেটি ভাল।

- গোষ্ঠীগুলকিে ব্যাখ্যা করুন যে এটি একটি গোষ্ঠী রূপে আপনার সমস্ত হৃদয়রে দয়িে ঈশ্বররে প্রশংসা করার সময়, এটি দখেতে নয়, যে কোন গোষ্ঠী জোরে গাইতে পার।

প্রার্থনা

- **অপর** ব্যক্তি (যনিি প্রশংসায় নতেৃত্ব দনেনি) প্রার্থনার সময় নতেৃত্ব দবেনে
|

- প্রার্থনা নতো প্রত্যকেটি গোষ্ঠী কে একটি প্রার্থনার অনুরোধ করবনে, এবং এটি লখিে রাখবনে।

- যতক্ষণ না গোষ্ঠী আবার মলিতি হয়, প্রার্থনা নতো এই বষিয়গুলি জন্য প্রার্থনা করার অঙ্গীকার করনে।

- প্রত্যকেটি ব্যক্তি তাদরে প্রার্থনা অনুরোধ বনিমিয় করার পর, প্রার্থনা নতো গোষ্ঠীর জন্য প্রার্থনাটি করনে।

অধ্যয়ন

- **অন্য** ব্যক্তি চারটি জনরে এই গোষ্ঠীকে অধ্যয়ন সময়ে নতেৃত্ব দবে।

- অধ্যয়ন নতো তাঁর নজিরে কথায় বাইবলে থকেে একটি গল্প বলনে; আমরা পরামর্শ দই, অন্তত শুরুর দকিে যশিুর জীবন ও শক্ষিা থকেে গল্প বলতে।

- গ োষ্ঠী উপর ভত্তি কিরে, আপনি অধ্যয়ন নতোদরে প্রথমে বাইবলেরে গল্প পড়তে এবং তারপর তার নিজেরে ভাষায় তাকে বলাতে অনুর োধ করতে পারনে।

- অধ্যয়ন নতো বাইবলেরে গল্প বলার পরে, তার গ োষ্ঠীকে তনিটি প্রিশ্ন করনে:

    ১. এই গল্প ঈশ্বররে সম্পর্কে আমাদরে কি শিখোন ?

    ২. এই গল্প মানুষ সম্পর্কে আমাদরে কি শিখোন ?

    ৩. এই গল্প থকেে আমি এমন কি জানলাম যা আমাকে যীশুকে অনুসরণ করতে সাহায্য করবে ?

- গ োষ্ঠী প্রত্যকেটি প্রিশ্ন একসাথে আল োচনা করে, যতক্ষণ না অধ্যয়ন নতো অনুভব করনে যে আল োচনা দুর্বল হয়ে পড়ছে; তারপর নতো পরবর্তী প্রশ্নরে দকিে অগ্রসর হন।

অভ্যাস

- **অন্য** ব্যক্তি চারটি জিনরে এই গ োষ্ঠী কে অভ্যাস সময়ে নতেৃত্ব দবেনে।

- অভ্যাস নতো গ োষ্ঠীকে পুনরায় পাঠ পর্যাল োচনা করতে সাহায্য করনে এবং নশ্চিতি হন যে প্রত্যকেরেই পাঠ ব োধগম্য হয়ছে এবং তারা এটা অন্যদরে শখোতে সক্ষম।

- অভ্যাস নতো একই বাইবলে গল্প বলনে যটো অধ্যয়ন নতো বলছেনে।

- অভ্যাস নতো একই প্রশ্ন করনে, যা অধ্যয়ন নতো করছেলিনে এবং গ োষ্ঠী প্রতটিি প্রিশ্ন পুনরায় আল োচনা করে।

সমাপ্তি

- সহজ উপাসনা গ োষ্ঠী পৃথক প্রশংসা গান গয়েে অথবা পরমশ্বেরে'র প্রার্থনা একসঙ্গে উক্তি করে উপাসনার সময় সমাপ্ত করে।

তৃতীয় পর্ব

উপস্থতি বষিয়টনিয়িে একটি অধকি গভীর আলােচনা করার জন্য নমি্নলখিতি সম্পদ গুলি দখেুন। এই বশিষে কার্যরে নতুন বভিাগ,ে বাইবলেরে পর অনুবাদ করার জন্য এটিও একটি ভালাে পুস্তক তালকিা।

বলিহহেমার , পল (১৯৭৫) | **ডসেটীনড ফর দা থ্রােন**। খ্রস্টিান সাহত্যি ধর্মযুদ্ধ।

ব্ল্যাকাবা, হনেরি টি. এবং রাজা, ক্লাউদ ভি (১৯৯০)। **এক্সপরেয়িনে্সংি গড: নােয়িং এন্ড ডুয়িং দা উয়লি অফ গড**। লাইফওয়ে মুদ্রণ।

ব্রাইট, বলি (১৯৭১) | **হাউ টু বি ফলি্ড উইথ দা হােলি স্পরিটি** | **ক্যাম্পাস ক্রুসডে ফর ক্রাইস্ট**। কার্লটন, আর. ব্রুস (২০০৩) | **এক্ট ২৯: প্র্যাকটকিাল ট্রনেংি ইন ফসেলিটিটেংি চার্চ-প্লান্টংি মুভমনে্টস এমং ডা নগে্লকে্টডে হারভসে্ট ফলি্ডস**। কায়রস মুদ্রণ

চনে, জন | **ট্রনেংি ফর ট্রনোর্স** | (T4T) | অপ্রকাশতি, তারখি বহীন।

গ্রাহাম, বলি (১৯৭৮) | **ডা হােলি স্পরিটি: এক্টভিটেংি গডস পাওয়ার ইন ইউর লাইফ** | ডাব্লু প্রকাশনা গােষ্ঠী।

হজস, হার্ব (২০০১) | **ট্যালি হাে ডা ফক্স! ডা ফাউন্ডসেন ফর বলি্ডংি ওয়ার্ল্ড-ভসিনারী, ওয়ার্ল্ড ইমপ্যাকটংি, রপি্রডউিসংি ডসিাইপলিস** | আধ্যাত্মকি জীবন মন্ত্রক।

হইেবলে্স, বলি (১৯৮৮) | **টু বজিনিট টু প্রে**।

ইন্তরে্ভারসটিি মুদ্রণ

মুর,ে এন্ড্রু (২০০৭) | **উইথ ক্রাইস্ট ইন ডা স্কুল অফ প্রয়োর** | ডগিরী মুদ্রণ।

ওগদনে, গ্রগে (২০০৩) | **ট্রান্সফর্মংি ডসিাইপলেশীপ : মকেংি ডসিাইপলেস এ ফউি এত এ টাইম** | ইন্তরে্ভারসটিি মুদ্রণ।

প্যাকরে, যে. আই (১৯৯৩) | **নোয়িং গড** | | ইন্তরে্ভারসটি মুদ্রণ |

প্যাটারসন, জর্জ এবং স্কগনিস, রচিার্ড (১৯৯৪) | **চার্চ মাল্টপি্লিকিসেন গাইড** | উইলয়িাম ক্যারি পাঠাগার

পাইপার, জন (২০০৬) | **হোয়াট জসোস ডমি্যান্ডস ফ্রম ডা ওয়ার্ল্ড** | ক্রসওয়ে বই |

www.ingramcontent.com/pod-product-compliance
Lightning Source LLC
Chambersburg PA
CBHW060709030426
42337CB00017B/2808